MARVEL
UNGLAUBLICHE REKORDE

Die stärksten Helden und ihre coolsten Kräfte

Geschrieben von

Melanie Scott
Adam Bray
Lorraine Cink
John Sazaklis
Sven Wilson

INHALT

ERSTAUNLICHE KRÄFTE 4

SUPERHELDEN 14

SUPERSCHURKEN 82

TEAMS 120

ERSTAUNLI
KRÄF

CHE
TE

GEBORENE LÄUFER

Wer blinzelt, verpasst diese lichtschnellen Speedster. Ob sie vor dem Gesetz flüchten oder flinke Verbrecher jagen, diese superschnellen Läufer wissen, wie man ein Rennen gewinnt! **Fang sie, wenn du kannst!**

WOW!

1225

So schnell kann Speed in km/h rennen – und mit dem Alter wird er sogar noch schneller!

NATÜRLICHE GESCHWINDIGKEIT
New Warrior Speedball ist superschnell, hat aber kein Super-Tempo. Er nutzt kinetische Kraftfelder, um sich durch das Abprallen von festen Objekten schnell fortzubewegen.

TOP 4 SUPERSCHNELLE HELDEN

1 **QUICKSILVER**—sprintet in 92 Sekunden um die halbe Welt!

2 **SURGE**—rennt an einem Nachmittag von New York nach Colorado!

3 **MAKKARI**—rennt schnell im Kreis und bildet Zyklone!

4 **SPEED DEMON**—rennt Wände hinauf und sogar über Wasser!

WELTRAUMRENNEN

Runner, einer der Ältesten des Universums, lädt **Quicksilver, Makkari, Black Racer, Captain Marvel, Speed Demon, Super Sabre** und **Whizzer** zu einem Rennen ein, um herauszufinden, wer am schnellsten ist. Makkari bestimmt das Tempo, doch wie aus dem Nichts erscheint der mysteriöse **„Buried Alien"** und gewinnt!

SHIELD AKTENEINSICHT

RÜCKREISE

Yo-Yo Rodriguez ist eine etwas andere Super-Speedster. Nach Benutzung ihres Super-Tempos wird sie automatisch an ihren Startpunkt zurücktransportiert! Als Slingshot wird sie eine Agentin von SHIELD.

POWER UP!

TEMPO-MEISTER

Speed Demon erhält sein Super-Tempo durch eine **chemische Formel**, die ihm der Grandmaster gibt, damit er für ihn in einem **Turnier** kämpft. Später **verbessert** Speed Demon die Formel und wird sogar noch schneller.

Superschnell

AUF DIE PLÄTZE ...

SPEED DEMON: Dieser flinke Schurke tut alles, um der Erste an der Ziellinie zu sein!

QUICKSILVER: Ist Pietro Maximoff erst mal in Führung, fängt garantiert niemand den ultimativen Super-Sprinter von Erde-616!!

SPEED: Quicksilvers Neffe ist genau wie er ein Super-Speedster.

MAKKARI: Man muss sich anstrengen, um diesen Eternal-Speedster zu überholen.

WHIZZER: Ein superschneller Held des Zweiten Weltkrieges.

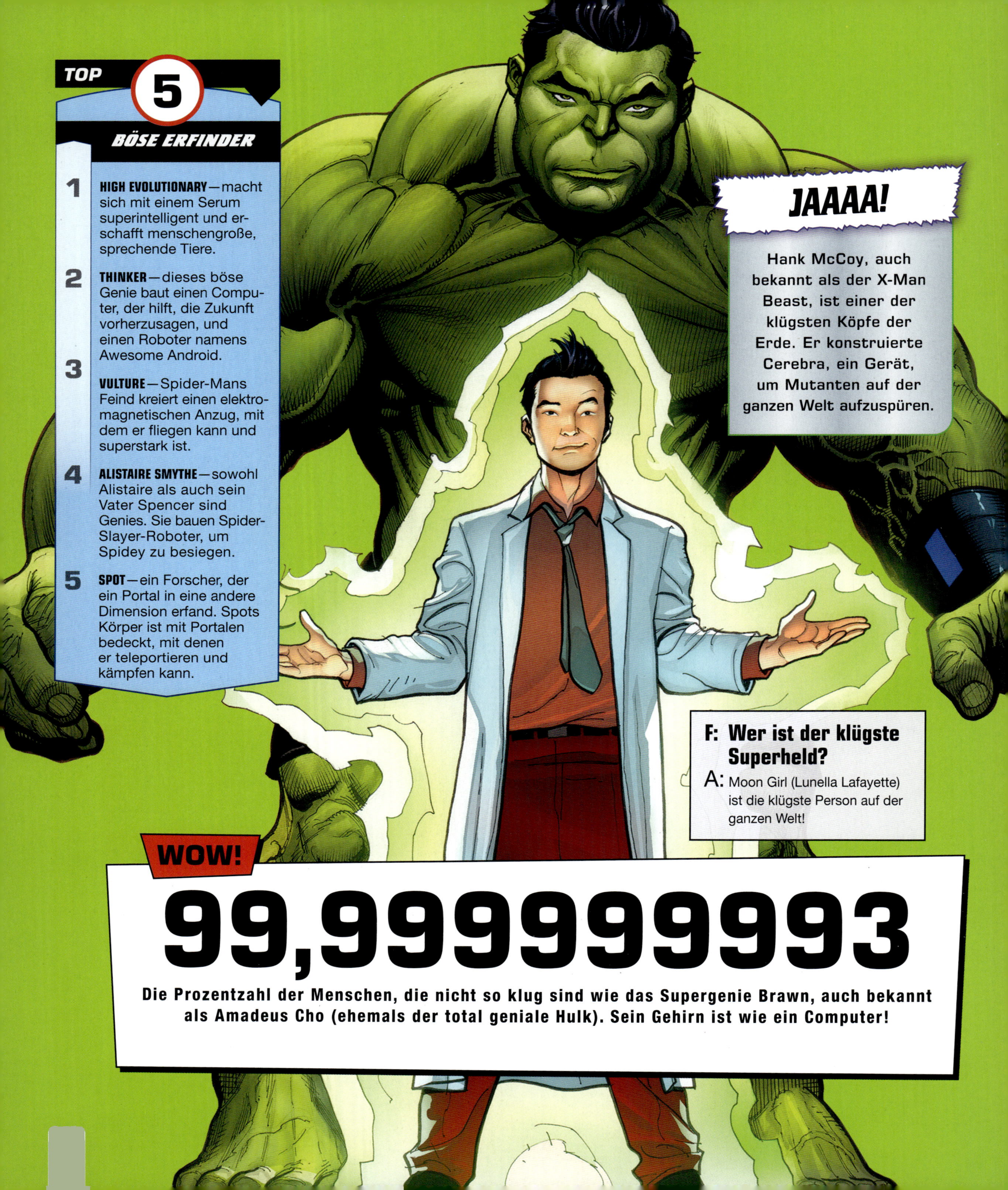

TOP 5
BÖSE ERFINDER

1 **HIGH EVOLUTIONARY**—macht sich mit einem Serum superintelligent und erschafft menschengroße, sprechende Tiere.

2 **THINKER**—dieses böse Genie baut einen Computer, der hilft, die Zukunft vorherzusagen, und einen Roboter namens Awesome Android.

3 **VULTURE**—Spider-Mans Feind kreiert einen elektromagnetischen Anzug, mit dem er fliegen kann und superstark ist.

4 **ALISTAIRE SMYTHE**—sowohl Alistaire als auch sein Vater Spencer sind Genies. Sie bauen Spider-Slayer-Roboter, um Spidey zu besiegen.

5 **SPOT**—ein Forscher, der ein Portal in eine andere Dimension erfand. Spots Körper ist mit Portalen bedeckt, mit denen er teleportieren und kämpfen kann.

JAAAA!

Hank McCoy, auch bekannt als der X-Man Beast, ist einer der klügsten Köpfe der Erde. Er konstruierte Cerebra, ein Gerät, um Mutanten auf der ganzen Welt aufzuspüren.

F: Wer ist der klügste Superheld?

A: Moon Girl (Lunella Lafayette) ist die klügste Person auf der ganzen Welt!

WOW!

99,9999999993

Die Prozentzahl der Menschen, die nicht so klug sind wie das Supergenie Brawn, auch bekannt als Amadeus Cho (ehemals der total geniale Hulk). Sein Gehirn ist wie ein Computer!

ERZÄHL MIR MEHR!

Adam Brashear alias Blue Marvel erhielt seine Superkräfte durch eine Explosion. Er besitzt Superstärke und altert langsamer (er ist über 80 Jahre alt), doch seine mächtigste Waffe ist sein Gehirn. Adam ist ein führender Experte für Anti-Materie, der auch die Neutrale Zone entdeckte – den Raum zwischen den Realitäten.

WOW!

340

Das Gewicht in Kilogramm des bösen humanoiden Supercomputers MODOK.

KABUMM!

Dank ihrer Gene und der kosmischen Strahlung, die ihren Eltern Kräfte verlieh, ist Valeria Richards **noch klüger** als ihr genialer Vater Reed Richards. Kein Wunder, dass Valerias Heldenname **Brainstorm** lautet!

AUFGEPASST

Der „Menschliche Computer" MODOK besitzt **enorme** Intelligenz und den dazu passenden Kopf. MODOK bewegt sich mit dem Doomsday-Stuhl fort, durch den er auch **Telepathie** besitzt und **psionische Strahlen** abfeuern kann.

KOPF-ARBEIT

Wozu Superkräfte, wenn man die **Intelligenz** eines **Genies** besitzt?! Doch während manche mit ihrem klugen Kopf die Welt **verbessern**, benutzen ihn andere für **böse Pläne** und **gefährliche Waffen**!

POWER UP!

MÄCHTIGER HELD

Zusätzlich zu seiner **Superstärke** besitzt Luke Cage auch so gut wie **undurchdringliche** Haut. Die Kräfte stammen von einem Serum, das dem von Captain America nicht unähnlich ist.

TOP 3

DIE COOLSTEN SCHWERGEWICHTE

1 **BETA RAY BILL** — der Alien-Cyborg Bill führt einen mächtigen asischen Hammer und ist so stark wie Thor.

2 **SILVER SURFER** — Galactus' Herold erhält seine unglaubliche Kraft von der kosmischen Macht, die ihn so stark macht wie den wütenden Hulk.

3 **FIN FANG FOOM** — dieser riesige, drachenähnliche Alien-Gestaltwandler besitzt natürliche Superstärke und benutzte einen Teil der Chinesischen Mauer als Peitsche.

SHIELD AKTENEINSICHT

KRÄFTE AUFSAUGEN

Die Hauptkraft von X-Men-Mitglied Rogue ist das Absorbieren der Kräfte anderer. Wenn der Vorgang lange genug dauert, bleiben sie für immer. Nach dem Kontakt mit Ms. Marvel (Carol Danvers) und Wonder Man (Simon Williams) erhält Rogue Superstärke.

ZUVOR ...

Betty Ross

Harpy

Red She-Hulk

Red Harpy

Elizabeth „Betty" Ross durchlief durch den Kontakt mit Gammastrahlung viele Verwandlungen in superstarke, Hulk-ähnliche Gestalten.

DANACH ...

F: Ist Red Hulk stärker als Hulk?

A: Ja und nein! Red Hulk (General Thaddeus Ross) ist im Normalzustand stärker als Hulk (Bruce Banner). Doch wenn die zwei kämpfen, wird Hulk stärker, je wütender er wird, und Red Hulk durch die Überhitzung schwächer, also gewinnt Bruce!

ERZÄHL MIR MEHR!

Hercules ist ein Halbgott aus dem antiken Griechenland und ein Avenger! Er ist unsterblich und erbte seine göttliche Kraft von seinem Vater Zeus, König der Götter des Olymp. Hercules ist bekannt für seine zwölf Aufgaben – die letzte war, den dreiköpfigen Hund Zerberus aus dem Hades zurückzubringen.

WOW!

384 400

Die Distanz in Kilometern, die Red Hulk mit einem einzigen Sprung überwinden kann. Einmal ist er sogar den ganzen Weg von der Erde bis zum Mond gesprungen!

SCHWER-GEWICHTE

Viele Helden und Schurken sind **stärker** als normale Menschen, aber es gibt ein paar mit einem noch viel **höheren** Kraft-Level! Und wenn zwei dieser **Schwergewichte** aufeinandertreffen, sollte man genügend Sicherheitsabstand halten …

ERZÄHL MIR MEHR!

Die Beyonders sind mächtige Wesen, die außerhalb des Multiversums leben. Ihre Lebensenergie ist mit den kosmischen Würfeln verbunden, die die Realität verändern oder Wünsche erfüllen können. Trotzdem gelang es dem Schurken Doctor Doom, sie zu besiegen.

4 KOSMISCHE WESEN

Diese Wesen existieren außerhalb von allem und besitzen Macht über Raum, Zeit und die ganze Existenz.

ETERNITY—verkörpert die Zeit.

INFINITY—verkörpert das gesamte Universum.

DEATH—gibt und nimmt Leben, wie es ihr beliebt.

OBLIVION—verkörpert die Nichtexistenz.

TOPSPIELER

ZWISCHEN ...

Die mächtigste Figur im Multiversum ist One-Above-All. Er besitzt mehr Macht als jedes andere bekannte Wesen und repräsentiert höchstwahrscheinlich die Autoren und Künstler der Marvel-Comics!

... DEN PANELS

POWER UP!

MACHT-UPGRADE
Als sich die Phoenix-Kraft mit fünf Mutanten verbindet, haben sie die Macht, alle Probleme der Welt zu lösen. Doch die dunkle Seite des Phoenix, vermischt mit menschlichen Emotionen, kann gefährlich außer Kontrolle geraten.

SHIELD AKTENEINSICHT

CYTTORAK, HERR DER ZERSTÖRUNG
Cyttorak ist vermutlich das stärkste magische Wesen im Multiversum. Sein Name ist so mächtig, dass er für Zaubersprüche verwendet wird, und einer seiner Edelsteine ist die Quelle von Juggernauts Kräften. Cyttorak sperrte sogar Galactus den Weltenverschlinger ein.

NEEIIN!!

Die **Oberste Intelligenz** mag ein Supercomputer sein, ist aber dennoch eines der **mächtigsten Wesen** im Multiversum! Sie wurde von der fortschrittlichen Alien-Spezies Kree erschaffen, entwickelte aber ein **eigenes Bewusstsein**. Ihre gnadenlose Logik führte schließlich zur Vernichtung der Heimatwelt der Kree.

5 MÄCHTIGE GÖTTER

BAST – uralte ägyptische Panthergöttin von Wakanda.

ZEUS – Götterhaupt des Olymp.

GAEA – eine Alte Göttin und Mutter Erde.

AMATSU-MIKABOSHI – Gott des Chaos.

ODIN – der Allvater von Asgard.

Diese **allmächtigen, kosmischen** und **mystischen** Meister halten die Balance zwischen Gut und Böse, Chaos und Ordnung, Raum und Zeit! Sie könnten das **gesamte Multiversum vernichten** – oder ein **neues erschaffen**!

SUPERHELDEN

FREIHEITS-KÄMPFER

Erschaffen, um sein Land zu **inspirieren** und im Kampf gegen Tyrannei das Richtige zu tun, ist **Captain America** nun eine Inspiration für die **ganze Welt** – und darüber hinaus! Obwohl ihm ein **Serum** Superkräfte gab, war Cap schon immer einer der mutigsten Menschen überhaupt.

F: Wann ist Captain Americas Geburtstag?

A: Steve Rogers wurde am 4. Juli geboren – am Independence Day. Vielleicht war es sein Schicksal, das Sternenbanner zu tragen!

POWER UP!

SUPER-SCHILD
Zusätzlich zu seinen Kräften besitzt Cap auch seinen berühmten Schild. Dessen Mischung aus Vibranium und geheimen Metallen kann nicht mal Thors Hammer zerschlagen!

ERZÄHL MIR MEHR!

Der tapfere Steve Rogers wird ausgewählt, Teil des Supersoldaten-Programms zu sein. Ein unglaubliches Serum verleiht ihm Superkräfte und einen verbesserten Körper. Steve sollte der erste von vielen Supersoldaten sein, doch das restliche Serum wird vernichtet. Also zieht er als Einziger in den Kampf – und wird zu Captain America.

JAAAA!

Am Ende des Zweiten Weltkrieges wird Cap im Arktischen Eis begraben. Jahrzehnte später wird er von den Avengers geborgen und ins Team aufgenommen!

STECKBRIEF

RICHTIGER NAME: Steve Rogers

TÄTIGKEITEN: Army-Captain, Direktor von SHIELD, Illustrator

HAUPTWAFFE: Nahezu unzerstörbarer Schild

STÄRKEN: Langsames Altern, inspirierender Anführer, Profikämpfer, Mut, hohe Integrität

SCHWÄCHEN: Sein Alter (als das Supersoldatenserum nicht mehr wirkt)

VERBÜNDETE: Winter Soldier, Falcon (Sam Wilson), Nick Fury, Avengers

FEINDE: Red Skull, Baron Zemo, Hydra, AIM

ZAHLENFOKUS!

1,87 m
Steve Rogers' Größe nach dem Serum

109 kg
Steve Rogers' Gewicht nach dem Serum

1922
Das Geburtsjahr von Steve Rogers

48 km/h
Steve Rogers' Lauftempo nach dem Serum

4-F
Der Code für „ungeeignet". Steve Rogers' Einstufung, als er sich bei der Armee verpflichten will.

WOW!

363

Das Gewicht in Kilogramm, das Cap stemmen kann.

STECKBRIEF

RICHTIGER NAME: Janet Van Dyne

STÄRKEN: Kann sich verkleinern und fliegen, Superstärke, bioelektrische Strahlen

SCHWÄCHEN: Wird sie zu klein, kann sie im Mikroversum verloren gehen.

FEINDE: Yellowjacket (Criti Noll), Egghead, Whirlwind

BERÜHMTE VERWANDTE: Dr. Hank Pym (Ex-Mann), Wasp (Nadia Van Dyne, Adoptivtochter)

ZAHLENFOKUS!

1,6 m
Janet Van Dynes Größe

1,3 m oder weniger
Größe, wenn die Flügel loswachsen

1,3 cm
Janets Miniaturgröße als Wasp

2–4
Wasps variable Anzahl an Flügeln

63 km/h
Wasps ungefähre Fluggeschwindigkeit

300+ Wasp-Outfits
Getragen von Modedesignerin Janet

3
Anzahl der Personen, die den Wasp-Alias nutzen

WIRKLICH?!

Dr. Hank Pym implantiert Zellen in Janets Kopf, mit denen sie sich vorübergehend Antennen wachsen lassen und mit Insekten reden kann!

WOW!

27

Das Gewicht in Tonnen, das Wasp bei Maximalgröße heben kann.

ERZÄHL MIR MEHR!

Durch die Pym-Partikel kann Wasp genau wie Ant-Man wachsen und schrumpfen, wie sie will. Wasps Insektenflügel erscheinen, sobald sie schrumpft, und werden von ihrem Körper absorbiert, wenn sie wächst. Sie kann auch bioelektrische Strahlen abfeuern („Wespenstich“), um Gegner zu betäuben.

SUPER-STICH!

Janet Van Dyne tut sich mit Dr. Hank Pym zusammen, um den Tod ihres Vaters zu rächen, und wird zur fantastischen **Wasp**. Sie ist auch ein **Gründungsmitglied** der **Avengers** und inspiriert ihre Teamkameraden mit Mut und Entschlossenheit. Wasp ist klein, sticht aber kräftig zu!

JAAAA!

Wasp ist nicht nur Gründungsmitglied der Avengers, von ihr stammt auch der Name des Teams.

POWER UP!

GROSSE GESCHICHTE

Janet verwandelt sich meistens in die **winzige** Wasp, kann aber auch **hundert Meter** groß werden!

TOP 5 TRÄGER VON MJÖLNIR

1 **JANE FOSTER** – während Thor als unwürdig galt, wurde Jane zum neuen Thor auserwählt.

2 **BETA RAY BILL** – dieser mutige Alien-Krieger benutzte sowohl Mjölnir als auch seine eigene Waffe Sturmbrecher.

3 **THROG** – dieser Frosch (einst ein Mensch) schwingt ein Stück Mjölnirs: Frogjölnir.

4 **THUNDERSTRIKE** – der Mensch Eric Masterson wurde Thor, als er verwundet wurde.

5 **SQUIRREL GIRL** – Doreen Green führt Mjölnir, um eine böse Kopie ihrer selbst zu besiegen.

ERZÄHL MIR MEHR!

Thor gehört zu den Asen – ein Volk mit außergewöhnlichen Kräften. Thors leibliche Mutter Gaea gehört zu den Alten Göttern. Daher ist er sogar noch stärker als die meisten anderen Asen. Er besitzt Macht über das Wetter und ist als der Gott des Donners bekannt.

F: Wie viel kann Thor heben?

A: Thor ist ein Klasse-100-Wesen, was heißt, dass er über 91 Tonnen heben kann.

ASGARD-AVENGER

Es gibt wenige Helden, die so mächtig sind wie **Thor**, der Gott des Donners. Als einer der **allerersten Avengers** beschützt er seine Heimat **Asgard** und seine Wahlheimat Erde mit seinem magischen Hammer **Mjölnir**.

POWER UP! HAMMER-ZEIT

Thors Hammer Mjölnir kann nur von jenen geführt werden, die seiner Macht würdig sind. Durch eine magische Verbindung kann er auch über weite Strecken herbeigerufen werden.

HOCHGESTUFT!

Mit dem Gürtel der Macht, dem Schild des Lebens und den Handschuhen von Morgen kann Thor seine Stärke, Macht und Ausdauer verdoppeln.

STECKBRIEF

RICHTIGER NAME:
Thor Odinson

KRÄFTE: Übermenschliche Kraft und Ausdauer, extrem langes Leben. Durch Mjölnir: Flugkräfte und Wetterkontrolle, kann Blitze herbeirufen

VERBÜNDETE: Die Tapferen Drei, Odin, Gaea, Frigga, Sif, Heimdall, Avengers, Beta Ray Bill

FEINDE: Loki, Malekith, Mangog, Surtur, Thanos, Gorr, Enchantress (Amora), Skurge der Executioner

WOW!

39 000

Die ungefähre Geschwindigkeit in km/h, mit der Thor fliegen kann, während er Mjölnir hält.

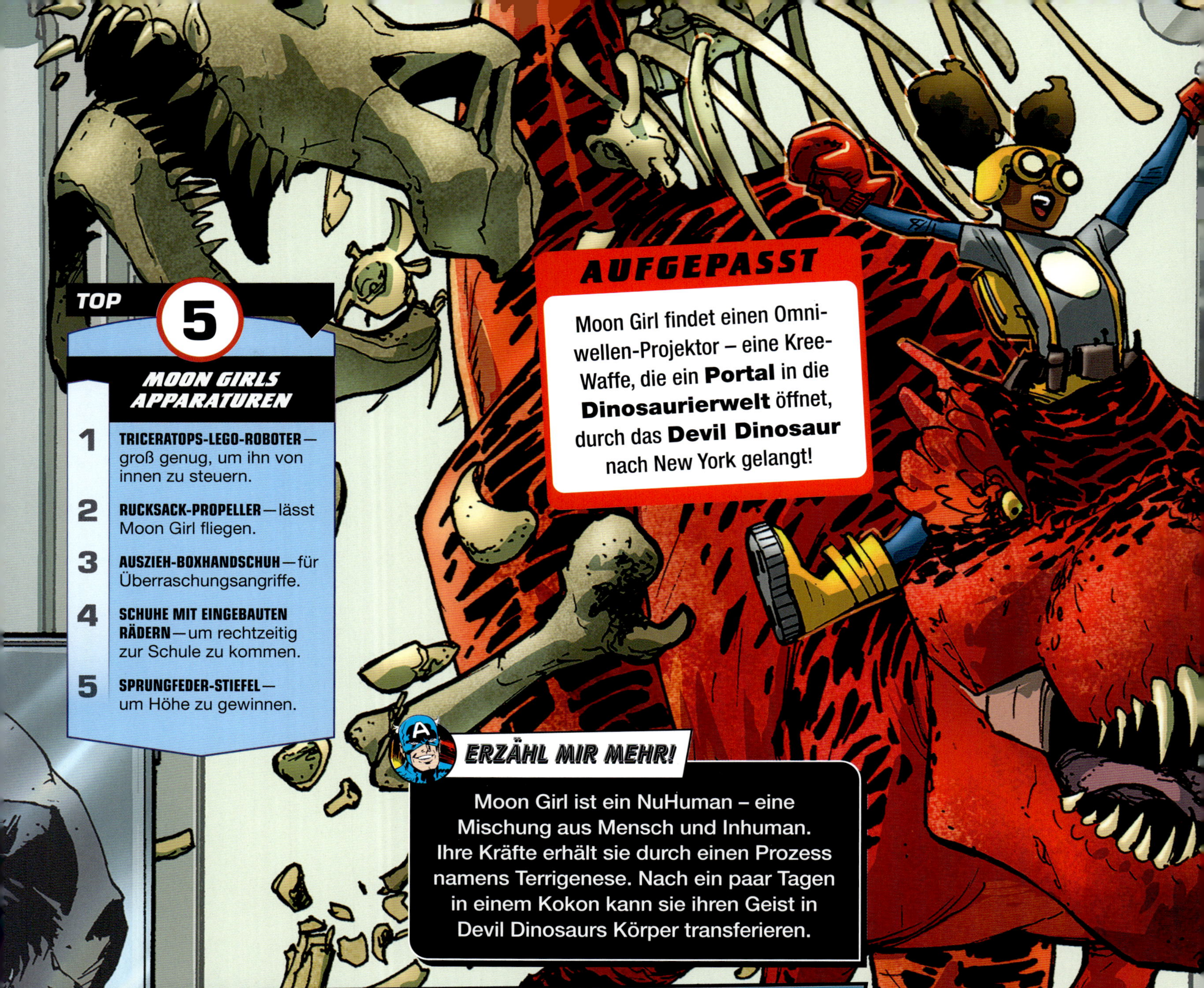

TOP 5

MOON GIRLS APPARATUREN

1. **TRICERATOPS-LEGO-ROBOTER** – groß genug, um ihn von innen zu steuern.
2. **RUCKSACK-PROPELLER** – lässt Moon Girl fliegen.
3. **AUSZIEH-BOXHANDSCHUH** – für Überraschungsangriffe.
4. **SCHUHE MIT EINGEBAUTEN RÄDERN** – um rechtzeitig zur Schule zu kommen.
5. **SPRUNGFEDER-STIEFEL** – um Höhe zu gewinnen.

AUFGEPASST

Moon Girl findet einen Omniwellen-Projektor – eine Kree-Waffe, die ein **Portal** in die **Dinosaurierwelt** öffnet, durch das **Devil Dinosaur** nach New York gelangt!

ERZÄHL MIR MEHR!

Moon Girl ist ein NuHuman – eine Mischung aus Mensch und Inhuman. Ihre Kräfte erhält sie durch einen Prozess namens Terrigenese. Nach ein paar Tagen in einem Kokon kann sie ihren Geist in Devil Dinosaurs Körper transferieren.

DINO-MÄDEL

Das Kindergenie **Lunella Lafayette** bekommt von gemeinen Klassenkameraden den Spitznamen **Moon Girl**, doch sie macht ihn sich zu eigen, als sie zur Heldin wird. Moon Girl hat einen ganz besonderen Partner – einen in der Zeit verlorenen **Dinosaurier**, mit dem sie **Körper tauschen** kann.

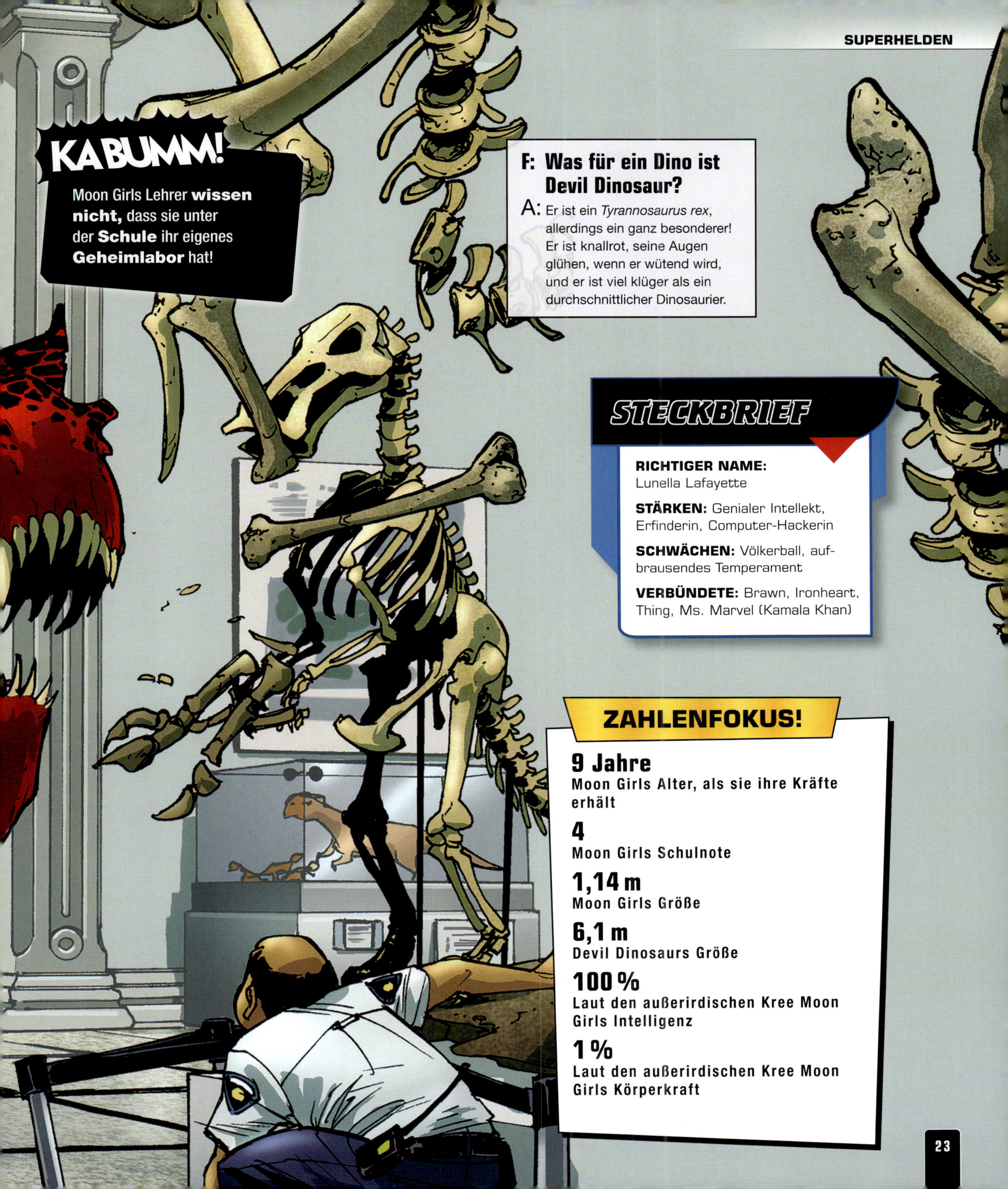

KABUMM!

Moon Girls Lehrer **wissen nicht,** dass sie unter der **Schule** ihr eigenes **Geheimlabor** hat!

F: Was für ein Dino ist Devil Dinosaur?

A: Er ist ein *Tyrannosaurus rex*, allerdings ein ganz besonderer! Er ist knallrot, seine Augen glühen, wenn er wütend wird, und er ist viel klüger als ein durchschnittlicher Dinosaurier.

STECKBRIEF

RICHTIGER NAME: Lunella Lafayette

STÄRKEN: Genialer Intellekt, Erfinderin, Computer-Hackerin

SCHWÄCHEN: Völkerball, aufbrausendes Temperament

VERBÜNDETE: Brawn, Ironheart, Thing, Ms. Marvel (Kamala Khan)

ZAHLENFOKUS!

9 Jahre
Moon Girls Alter, als sie ihre Kräfte erhält

4
Moon Girls Schulnote

1,14 m
Moon Girls Größe

6,1 m
Devil Dinosaurs Größe

100 %
Laut den außerirdischen Kree Moon Girls Intelligenz

1 %
Laut den außerirdischen Kree Moon Girls Körperkraft

ERZÄHL MIR MEHR!

America dachte, sie käme aus dem Parallel-Utopia, ein Ort, an dem nie etwas Böses passiert. In Wahrheit war es eine Forschungseinrichtung auf einer Insel, wo ihre Wissenschaftler-Mütter eine Heilung für ihre Krankheit finden wollten, doch stattdessen erhielt America Superkräfte.

AMERICA DIE MUTIGE

America Chavez trägt im Kampf das **Sternenbanner** ihres Landes. Sie ist eine **so mutige** und **starke** Heldin, dass sie überall kämpfen kann, um Menschen zu schützen – sei es im **Multiversum** oder in der **Nachbarschaft**, wo sie aufgewachsen ist.

KABUMM!

America ist **so schnell**, dass sogar die lichtschnelle Spectrum (Monica Rambeau) **beeindruckt** ist!

POWER UP!

SUPERSTAR

Eine von Americas besonderen Kräften ist, mit **Schlägen** oder **Tritten** auf Oberflächen sternenförmige Portale zu erschaffen, mit denen sie **überallhin** reisen kann.

HOCHGESTUFT!

Loki sorgt dafür, dass Americas Handy von überall im Multiversum aus anrufen und Nachrichten schreiben kann.

ZAHLENFOKUS!

6 Super-Teams
Zu denen America gehörte

2 Sternentattoos
An Americas Handgelenken

4 Elternteile
Zwei Mütter, Adoptivmutter und Vater

27 Heldinnen
Inklusive America Chavez im A-Force Team von Erde-16191

STECKBRIEF

RICHTIGER NAME: America Chavez

STÄRKEN: Superkraft und Tempo, kugelsichere Haut, reist zwischen Dimensionen, Flugkräfte

SCHWÄCHEN: Über große Entfernungen zu reisen, kann ihren Körper erschöpfen

VERBÜNDETE: Hawkeye (Kate Bishop), Thunderbolts, West Coast Avengers, Ultimates

HEAVY METAL

Tony Stark ist der **milliardenschwere Eigentümer** der Technologiefirma Stark Industries, ein **Gründungsmitglied der Avengers** und ein **Weltklasse-Genie**! Der **Arc-Reaktor** in seiner Brust treibt seine vielen **Rüstungen** an und lässt ihn als **Iron Man** für Gerechtigkeit kämpfen!

STECKBRIEF

RICHTIGER NAME: Anthony Edward Stark

STÄRKEN: Genialer Intellekt, Führungsstärke, technische Fähigkeiten, Kampfgeschick

SCHWÄCHEN: Braucht oft Technik, um zu überleben, großes Ego

KRAFTQUELLE: Die Iron Man-Rüstungen verstärken Ausdauer und Kraft, besitzen Repulsorwaffen und fliegen überschallschnell

FEINDE: Zu viele zum Aufzählen!

VERBÜNDETE: War Machine/Iron Patriot (Jim Rhodes), Avengers, Mister Fantastic

ERZÄHL MIR MEHR!

Als tödlich verwundete Geisel eines Warlords konstruieren Tony Stark und sein Mitgefangener Ho Yinsen einen Magneten, der Schrapnell in Tonys Brust von seinem Herzen fernhält und auch eine Rüstung antreibt ...

WOW!

12 348

Die Geschwindigkeit in km/h, die Iron Mans Space Armor Model 5 bei Subwarpgeschwindigkeit erreicht.

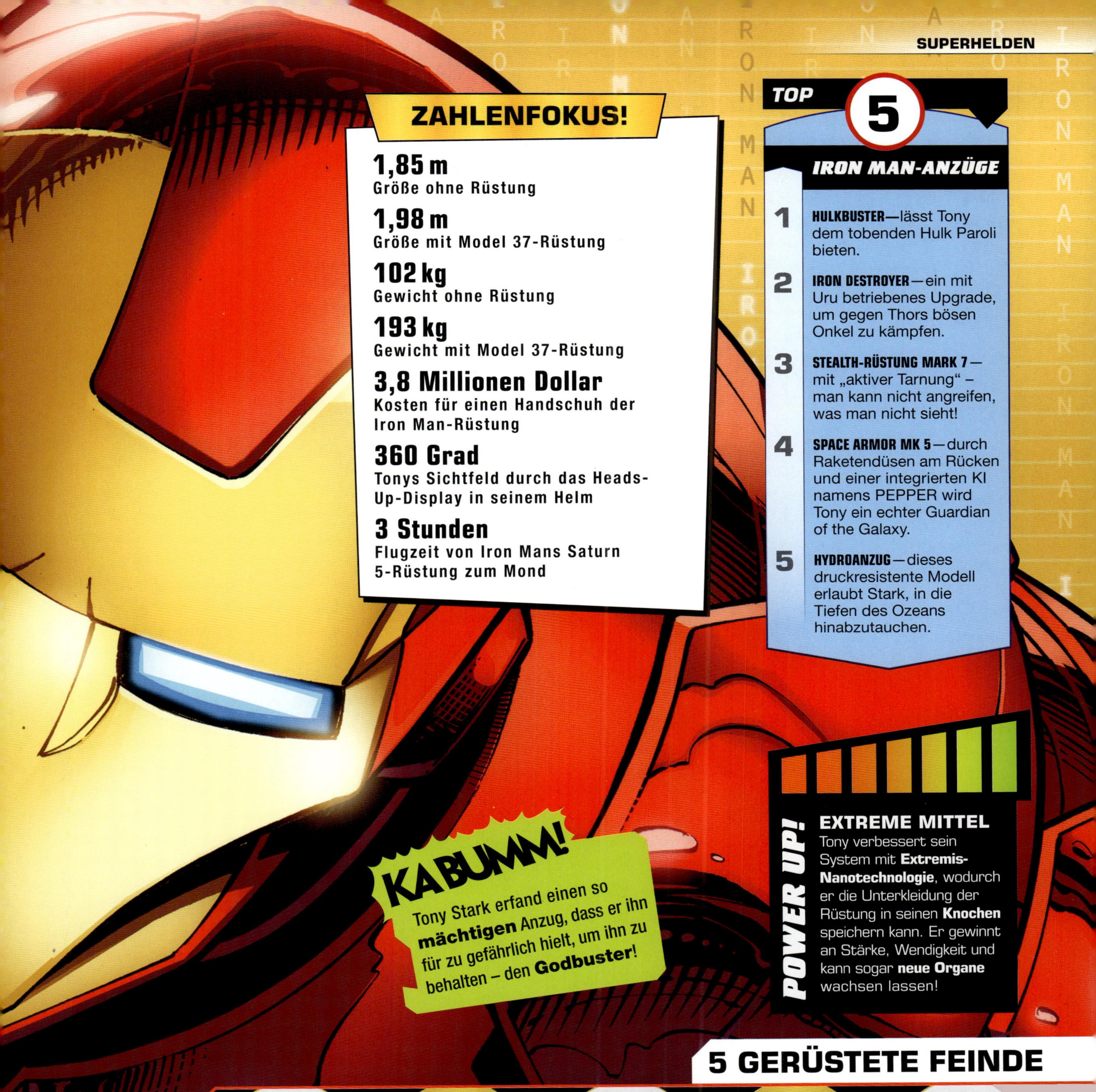

ZAHLENFOKUS!

1,85 m
Größe ohne Rüstung

1,98 m
Größe mit Model 37-Rüstung

102 kg
Gewicht ohne Rüstung

193 kg
Gewicht mit Model 37-Rüstung

3,8 Millionen Dollar
Kosten für einen Handschuh der Iron Man-Rüstung

360 Grad
Tonys Sichtfeld durch das Heads-Up-Display in seinem Helm

3 Stunden
Flugzeit von Iron Mans Saturn 5-Rüstung zum Mond

TOP 5 IRON MAN-ANZÜGE

1. **HULKBUSTER**—lässt Tony dem tobenden Hulk Paroli bieten.
2. **IRON DESTROYER**—ein mit Uru betriebenes Upgrade, um gegen Thors bösen Onkel zu kämpfen.
3. **STEALTH-RÜSTUNG MARK 7**—mit „aktiver Tarnung“ – man kann nicht angreifen, was man nicht sieht!
4. **SPACE ARMOR MK 5**—durch Raketendüsen am Rücken und einer integrierten KI namens PEPPER wird Tony ein echter Guardian of the Galaxy.
5. **HYDROANZUG**—dieses druckresistente Modell erlaubt Stark, in die Tiefen des Ozeans hinabzutauchen.

KABUMM!

Tony Stark erfand einen so **mächtigen** Anzug, dass er ihn für zu gefährlich hielt, um ihn zu behalten – den **Godbuster**!

POWER UP!

EXTREME MITTEL

Tony verbessert sein System mit **Extremis-Nanotechnologie**, wodurch er die Unterkleidung der Rüstung in seinen **Knochen** speichern kann. Er gewinnt an Stärke, Wendigkeit und kann sogar **neue Organe** wachsen lassen!

5 GERÜSTETE FEINDE

WHIPLASH
Dieser hochtalentierte Ingenieur fügt einem Stück von Tony Starks Rüstung Elektropeitschen hinzu.

SPYMASTER
Das Gesicht hinter der Maske mag sich ändern, aber jeder einzelne Spymaster bedeutet für Tony großen Ärger.

BLIZZARD
Wird es wirklich plötzlich eiskalt, oder ist es nur Blizzards Fähigkeit, Minustemperaturen zu erzeugen?

WHIRLWIND
Dieser Schurke kann sich übermenschlich schnell drehen und erzeugt so gefährliche Wirbelstürme.

IRON MONGER
Der Geschäftsmann Obadiah Stane versucht mit seiner Iron Monger-Rüstung, Stark Industries an sich zu reißen ...

WOW!

70+

... und steigend! Die Anzahl der Iron Man-Anzüge.

Graue Rüstung
Iron Destroyer-Rüstung
Hulkbuster-Rüstung
Stealth-Rüstung Mark 7
Weltall-Rüstung Mark 5
Klassische Rüstung
Mark 42-Rüstung
Hydroanzug

STECKBRIEF

RICHTIGER NAME:
Dr. Robert Bruce Banner

VERBÜNDETE: Power Man (Luke Cage), Spider-Man (Peter Parker), Iron Fist (Danny Rand)

FEINDE: Leader, Abomination, Rhino (Aleksei Sytsevich)

STÄRKEN: Fast unverwundbar, super stark, schnelle Heilung, immun gegen Gedankenkontrolle, weite Sprünge

SCHWÄCHEN: Verliert in seiner Hulk-Form oft die Kontrolle

ZAHLENFOKUS!

10+
Die Einstufung von Hulks Kraft durch SHIELD-Direktor Nick Fury, die Höchstmögliche

1609 km
Die Distanz von nur einem von Hulks Sprüngen

555 538 °C
Die Temperatur, der Hulk unverletzt widerstehen kann

230 Millionen Dollar
Der von Bruce Banners Firma gesammelte Betrag zur Behebung von Schäden durch den Hulk

MEGA-ÄRGER

Eine gewaltige Dosis **Gammastrahlung** einer experimentellen Bombe verändert die **DNA** des Wissenschaftlers Dr. Bruce Banner. Nun verwandelt er sich bei **Wut** oder **Angst** jedes Mal in einen **tobenden, grünen Giganten** – **den Unglaublichen Hulk**!

WOW!

136 077 711 000

Das Gewicht in Tonnen des Bergmassivs, das Molecule Man auf den Hulk fallen lässt! Hulk fängt es und beweist damit seine unfassbare Stärke.

HULK-AUFSTELLUNG

Eine Messung der verschiedenen Hulk-Inkarnationen!

TOP 5

HULK-INKARNATIONEN

Es gibt eine ganze Menge Hulks! Hier ein paar von ihnen:

1 **PRIMITIV-HULK** – groß, grün und kindisch (außer er wird wütend).

2 **UNSTERBLICHER HULK** – die stärkste Version von Hulk, kommt nur nachts zum Vorschein.

3 **„JOE FIXIT“** – grün, fies und gerissen: ein berüchtigter Las-Vegas-Gangster.

4 **WELTENBRECHER** – wenn Hulk wirklich, wirklich wütend wird!

5 **DOC GREEN** – Banner benutzt Extremis-Nano-roboter, um sein Gehirn zu heilen. Hulk wird groß und brillant.

KABUMM!

Hulk kann durch **Hände-klatschen** eine **Schall-welle** erzeugen, die Gegner von den Füßen reißt.

KÖNIGLICHER HULK

Nach seinem Absturz auf dem Planeten Sakaar wird Hulk von dessen bösen Herrscher, dem Roten König, gezwungen, als Gladiator zu kämpfen. Hulk führt eine Rebellion an und wird zum neuen König!

TOP 5

BLACK PANTHERS FEINDE

1 **ULYSSES KLAUE**—ermordet Black Panthers Vater und versucht, Wakandas Vibranium zu stehlen.

2 **NAMOR**—zerstört Wakanda mit einer riesigen Flutwelle.

3 **MAN-APE**—erhält durch ein Ritual die Kräfte eines seltenen weißen Gorillas.

4 **KILLMONGER**—will T'Challa stürzen und Wakanda beherrschen.

5 **WHITE WOLF**—Adoptivsohn von T'Challas Vater, einstiger Anführer von Wakandas Geheimpolizei.

POWER UP!

HERZ UND SEELE

T'Challa wird von der wakandischen Panthergöttin **Bast** gesegnet, die ihm **ganz besondere Sinne** und die **Macht** des Black Panthers verleiht. Die Verbindung mit der uralten Göttin verbindet ihn auch eng mit Wakanda selbst.

SHIELD AKTENEINSICHT

VIBRANIUM VON WAKANDA
T'Challa herrscht über Wakanda, eine afrikanische Nation, bekannt für ihre technologischen Innovationen und ihr gewaltiges Vorkommen an seltenem und fast unzerstörbarem Vibranium. Black Panthers Anzug ist mit diesem Metall verstärkt und lässt seine Krallen fast alles zerschneiden.

AUFGEPASST

Black Panther erhält vom Saft des **Herzförmigen Krauts** seine **Kräfte**. Man sagt, dass das Kraut jeden **tötet**, der nicht **würdig genug** ist!

ZAHLENFOKUS!

12 Stunden
Die Zeit, nach der Black Panther jemanden immer noch mit seinen Supersinnen aufspüren kann

6,1 m
Länge eines Krokodils, mit dem Black Panther gerungen hat

72 km/h
Black Panthers Höchstgeschwindigkeit, wenn er sich anstrengt

15,2 m
Aus dieser Höhe kann Black Panther geräuschlos fallen, wenn er Vibranium-Stiefel trägt.

9072 Tonnen
An veredeltem Vibranium befinden sich in Wakandas Depot

STECKBRIEF

RICHTIGER NAME: T'Challa

HEIMATLAND: Wakanda

STÄRKEN: Genialer Intellekt, verbesserte Sinne, Stärke und Reflexe auf olympischem Niveau, geschickter Spurensucher, Vibranium-Anzug

VERWANDTE: Storm (Ex-Frau), Shuri (jüngere Schwester und Nachfolgerin), T'Chaka (Vorgänger und Vater)

KRALLE DES DSCHUNGELS

T'Challa ist der **Black Panther**, Beschützer seines Heimatlandes **Wakanda**! Er ist **klug, stark, mutig** und ein **überragender Kämpfer**, allein oder als Teil eines Teams.

WOW!

1000000 v. Chr.

Das ungefähre Jahr, als T'Challas entfernter Vorfahr der erste Black Panther wurde.

STECKBRIEF

RICHTIGER NAME: Zheng Shang-Chi

STÄRKEN: Unglaubliche Kampfkunstfähigkeiten, Kontrolle über *Chi*-Energie, eine so reine Seele, dass er von der bösen Phoenix-Kraft als Wirt abgelehnt wurde

HOBBIES: Meditation, Angeln

VERBÜNDETE: Die Avengers, Agents of Atlas, Heroes for Hire

F: Hat Shang-Chi Superkräfte?

A: Nein, aber dank harter Arbeit und Training ist er einer der besten Kämpfer der Welt. Übermenschliche Fähigkeiten hat er nur mit den Zehn Ringen.

HOCHGESTUFT!

Als ein riesiger, uralter Drache unter der Insel Madripoor erwacht, benutzt Shang-Chi Pym-Partikel, um mehrere Hundert Meter groß zu werden, damit er ihn besiegen kann.

ZAHLENFOKUS!

5 Arten von Waffen
Benutzt vom Bund der Fünf Waffen, den Shang-Chi kommandiert

MI-6
Der Britische Geheimdienst, dem Shang-Chi beitritt, um seinen Vater zu Fall zu bringen

10 Ringe
Himmlische Ringe der Macht, kontrolliert von Shang-Chi

300 Jahre
Ungefähres Alter von Shang-Chis Vater, als Shang geboren wurde

ERZÄHL MIR MEHR!

Zusätzlich zu seinem Training in verschiedenen Kampfkunstarten hat Shang-Chi gelernt, *Chi* zu kontrollieren, eine Art Energie, die alle Lebewesen umgibt. Er kann sie benutzen, um härter zuzuschlagen oder sich gegen Angriffe zu schützen.

POWER UP!

ICH, ICH, ICH UND ICH ...
Nachdem er Kontakt mit einer außerirdischen **Origin-Bombe** hatte, kann Shang-Chi **mehrere Kopien** von sich mit denselben Kampffähigkeiten erstellen. Was für eine **Armee**!

CHI-MEISTER

Shang-Chi wuchs in China bei seinem **unsterblichen**, aber **bösen** Vater auf, der ihn trainierte, der **beste Kämpfer der Welt** zu werden. Shang-Chi wollte kein Krimineller wie sein Vater sein und wurde stattdessen ein **Held**, um zu versuchen, ihn aufzuhalten.

TOP 5 KAMPFKÜNSTLER

1. **SHANG-CHI** – ein Meister in allen Kampfarten.
2. **IRON FIST** – trägt die Macht eines unsterblichen Drachens in sich.
3. **ELEKTRA** – eine Ninja, trainiert von der Hand.
4. **DAREDEVIL** – der Mann ohne Furcht benutzt seinen Radarsinn, um seine Ziele zu finden.
5. **TASKMASTER** – braucht kein jahrelanges Training. Er eignet sich jede Fähigkeit durch Zusehen und Nachmachen an.

AUF DER ÜBERHOLSPUR

Quicksilver erhält sein **Super-Tempo** schon als kleines Kind. Nach einem Upgrade als Erwachsener kann er sogar über **Wasser** rennen! Früher war er ein Mitglied der Bruderschaft der bösen Mutanten, wurde aber bald darauf ein **Held** und ein **Avenger**.

WOW!

543 349

Die Geschwindigkeit in km/h, die Quicksilver zu den Avengers rannte, um für sie gegen Magneto zu kämpfen.

ZAHLENFOKUS!

1 Kind
Quicksilver hat eine Tochter namens Luna.

5 mal schneller
Quicksilvers Reaktionszeit im Vergleich zu einem normalen Menschen

282 km/h
Quicksilvers Tempo vor seinem Upgrade als Erwachsener

95 %
Die prozentuale Kalorienaufnahme aus dem Essen, die Quicksilver für sein Tempo verwendet. Normale Menschen nutzen etwa 25 %.

91 m
Die Distanz, die Quicksilver eine Wand hinaufrennen kann

F: Wer ist Quicksilvers Schwester?

A: Quicksilvers Zwillingsschwester ist Wanda Maximoff alias Scarlet Witch. Sie hat kein Super-Tempo, sondern eine besondere Form von Magie namens „Chaosmagie".

JAAAA!

Quicksilver ist so schnell, dass er Gegner in einem Sekundenbruchteil aus verschiedenen Winkeln angreifen und ihren Attacken ausweichen kann – sogar Thors Blitzen!

STECKBRIEF

RICHTIGER NAME: Pietro Maximoff

STÄRKEN: Super-Tempo (sowohl gedanklich als auch körperlich), Super-Stärke, Ausdauer, Reflexe, Agilität

SCHWÄCHEN: Die Langsamkeit anderer frustriert ihn, trifft vorschnelle Entscheidungen

VERBÜNDETE: Scarlet Witch, Avengers

ERZÄHL MIR MEHR!

Pietro dachte lange, er wäre ein Mutant, fand dann aber heraus, dass seine Kräfte von Experimenten des High Evolutionary an ihm stammen, als er noch ein Kind war. Er glaubte auch, Magneto wäre sein Vater!

POWER UP!

GRENZENLOS

Als Quicksilver eine Substanz namens **Isotop E** aus High Evolutionarys Labor einnimmt, wird er so schnell, dass seine **Maximalgeschwindigkeit** nicht mehr zu messen ist.

WOW!

30 000

Die Maximalladung in Volt von Natashas „Witwenbiss“.

ZAHLENFOKUS!

1928
Black Widows ungefähres Geburtsjahr (sie altert nicht)

10
Ihre Kategorie bei SHIELD – die höchste, die es gibt

6,1+ m
Reichweite des „Witwenbisses“

6+
Sprachen, die Black Widow beherrscht

51–58 km/h
Black Widows Laufgeschwindigkeit – verstärkt durch ein Serum

SHIELD AKTENEINSICHT

DIE BLACK WIDOWS
Der Red Room ist ein Projekt des KGB, bei dem Spioninnen zu „Black Widows“ ausgebildet werden. Man pflanzt ihnen falsche Erinnerungen ein und verabreicht ihnen eine Version des Supersoldatenserums, das sie körperlich verbessert und langsamer altern lässt.

SUPER-SPIONIN

Black Widow wurde im streng geheimen Red Room trainiert und ist eine der **besten Spioninnen** der Welt. Obwohl ihre erste Mission in den USA **gegen** Iron Man gerichtet war, wechselte sie schnell die Seiten und trat den **Avengers** bei.

KABUMM!

Black Widow benutzt zwar auch automatische Waffen und Messer, ist aber für ihren **Witwenbiss** berühmt (Stromstöße, um Gegner aufzuhalten) und ihre **Witwenleine** (ein Kabel zum Schwingen und Klettern).

STECKBRIEF

RICHTIGER NAME: Natalia Alianovna Romanova (alias Natasha Romanoff)

STÄRKEN: Meisterin in Kampfkunst und Akrobatik, eine Version des Supersoldatenserums hält sie in körperlicher Bestform.

VORLIEBEN: Ihre schwarze Katze, ein Streuner namens Liho

FEINDE: Gynacon Corporation, Hydra, Baron Von Strucker

ERZÄHL MIR MEHR!

Natasha ist nicht die einzige Black Widow, die im Red Room trainiert wurde, sondern auch Yelena Belova alias White Widow. Obwohl sie zuerst gegen Natasha kämpft, entwickeln die beiden später eine Freundschaft, bei der Natasha eine Mentorenrolle einnimmt.

TOP 5 SPIDER-ANZÜGE

1 **KLASSISCHER ANZUG** — rot und blau und aus gutem Grund weltberühmt.

2 **SCHWARZER ANZUG** — aus dem Weltall, entpuppt sich als Venom-Symbiont.

3 **IRON SPIDER-ANZUG** — ein High-Tech-Anzug von Stark Industries.

4 **SUPERIOR SPIDER-ANZUG** — eine verbesserte Version des Anzugs von Doc Ock, als dieser der Superior Spider-Man war.

5 **URU-ANZUG** — ein extrem mächtiger Anzug aus magischem, asischem Metall.

ZAHLENFOKUS!

15 Jahre
Das Alter, in dem Peter Parker zu Spider-Man wird

9 Tonnen
Gewicht, das Spider-Man heben kann

1–2 Stunden
So lange halten Spider-Mans Netze, bevor sie verschwinden

2 Personen
Wurden von radioaktiven Spinnen gebissen – Peter und Cindy Moon, die zur Heldin Silk wird

40 x
So viel besser sind Spider-Mans Reflexe als die normaler Menschen.

ERZÄHL MIR MEHR!

Peter Parkers Spinnensinn verursacht ein Kribbelgefühl im Kopf, wenn Gefahr droht. Sein Instinkt hilft ihm auch, sich durch New York zu schwingen, ohne genau zu gucken, wo es hingeht!

NETZSCHWINGER!

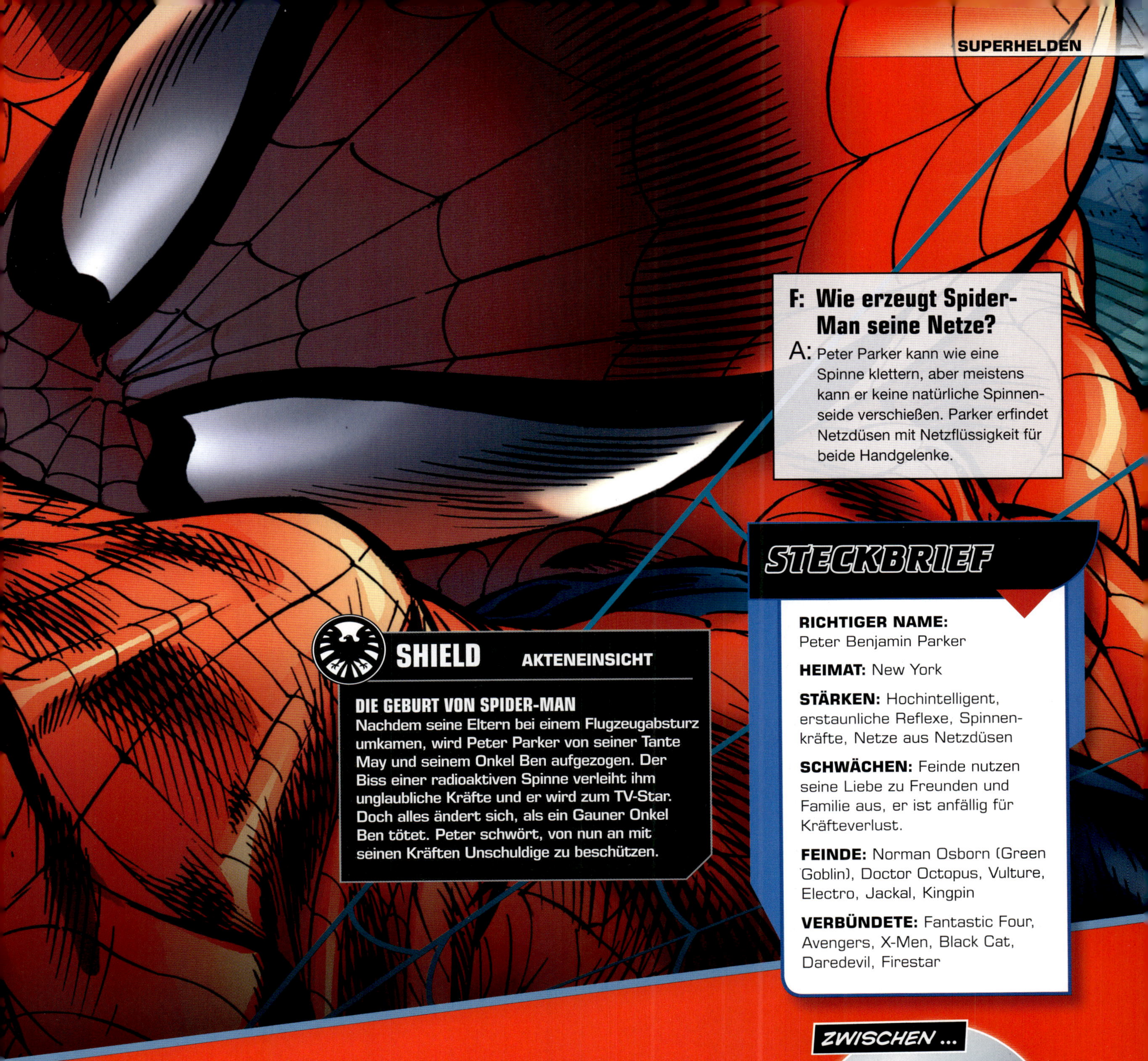

F: Wie erzeugt Spider-Man seine Netze?

A: Peter Parker kann wie eine Spinne klettern, aber meistens kann er keine natürliche Spinnenseide verschießen. Parker erfindet Netzdüsen mit Netzflüssigkeit für beide Handgelenke.

SHIELD AKTENEINSICHT

DIE GEBURT VON SPIDER-MAN

Nachdem seine Eltern bei einem Flugzeugabsturz umkamen, wird Peter Parker von seiner Tante May und seinem Onkel Ben aufgezogen. Der Biss einer radioaktiven Spinne verleiht ihm unglaubliche Kräfte und er wird zum TV-Star. Doch alles ändert sich, als ein Gauner Onkel Ben tötet. Peter schwört, von nun an mit seinen Kräften Unschuldige zu beschützen.

STECKBRIEF

RICHTIGER NAME: Peter Benjamin Parker

HEIMAT: New York

STÄRKEN: Hochintelligent, erstaunliche Reflexe, Spinnenkräfte, Netze aus Netzdüsen

SCHWÄCHEN: Feinde nutzen seine Liebe zu Freunden und Familie aus, er ist anfällig für Kräfteverlust.

FEINDE: Norman Osborn (Green Goblin), Doctor Octopus, Vulture, Electro, Jackal, Kingpin

VERBÜNDETE: Fantastic Four, Avengers, X-Men, Black Cat, Daredevil, Firestar

Er ist unser **freundlicher Spider-Man aus der Nachbarschaft**, der **Wandkrabbler**, der **Netzschwinger**, der **Netzkopf**. Alles Namen für die Geheimidentität von **Peter Parker**, ein schüchterner Schüler, der durch einen **Spinnenbiss** zum Superhelden wurde!

ZWISCHEN …

Das wertvollste Marvel-Comic-Heft überhaupt ist Spider-Mans Debüt-Ausgabe, *Amazing Fantasy* 15 (Juni 1962). Eine Kopie wurde 2021 für 3,6 Millionen US-Dollar verkauft!

… DEN PANELS

STECKBRIEF

RICHTIGER NAME: Jennifer Walters

STÄRKEN: Superkraft, Ausdauer, Heilfaktor, Sprünge, kompetente Anwältin

SCHWÄCHEN: Hat sich bisweilen in eine wilde, graue Hulk-Form verwandelt

VERBÜNDETE: Hulk, Avengers, Fantastic Four, Awesome Andy

FEINDE: Leader, Titania, Abomination

ERZÄHL MIR MEHR!

Bruce Banner rettet Jennifer Walters nach einer schweren Verletzung mit einer Blutspende das Leben. Doch da sein Blut die Gammastrahlung enthält, die ihn zum Hulk macht, wird auch Jen verwandelt – in die sensationelle She-Hulk.

SENSATIONELL STARK

Jennifer Walters ist **She-Hulk** und hat zwei Jobs: **Anwältin** und **Avenger**. Als eines der **stärksten** Wesen auf diesem und anderen Planeten ist She-Hulk **stolz** darauf, wer sie ist, und hört nie auf, Unschuldige zu beschützen.

NEEIIN!!

She-Hulk verliert wegen Scarlet Witchs **MAGIE** die Kontrolle über ihre Kräfte und läuft **AMOK**. Sie kämpft sogar gegen den **HULK**, bevor sie sich beruhigt.

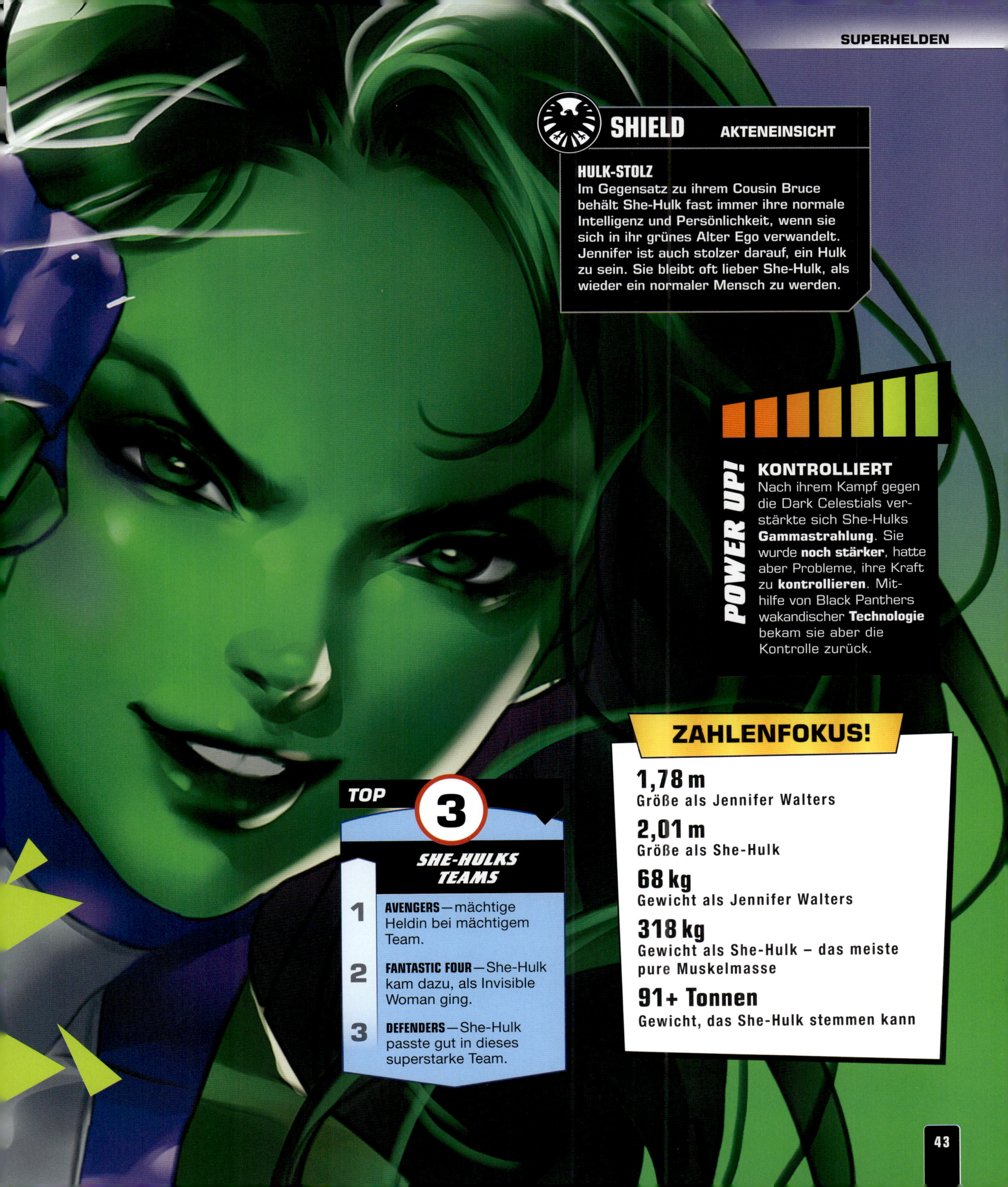

SHIELD AKTENEINSICHT

HULK-STOLZ
Im Gegensatz zu ihrem Cousin Bruce behält She-Hulk fast immer ihre normale Intelligenz und Persönlichkeit, wenn sie sich in ihr grünes Alter Ego verwandelt. Jennifer ist auch stolzer darauf, ein Hulk zu sein. Sie bleibt oft lieber She-Hulk, als wieder ein normaler Mensch zu werden.

POWER UP!

KONTROLLIERT
Nach ihrem Kampf gegen die Dark Celestials verstärkte sich She-Hulks **Gammastrahlung**. Sie wurde **noch stärker**, hatte aber Probleme, ihre Kraft zu **kontrollieren**. Mithilfe von Black Panthers wakandischer **Technologie** bekam sie aber die Kontrolle zurück.

TOP 3 SHE-HULKS TEAMS

1. **AVENGERS** – mächtige Heldin bei mächtigem Team.
2. **FANTASTIC FOUR** – She-Hulk kam dazu, als Invisible Woman ging.
3. **DEFENDERS** – She-Hulk passte gut in dieses superstarke Team.

ZAHLENFOKUS!

1,78 m
Größe als Jennifer Walters

2,01 m
Größe als She-Hulk

68 kg
Gewicht als Jennifer Walters

318 kg
Gewicht als She-Hulk – das meiste pure Muskelmasse

91+ Tonnen
Gewicht, das She-Hulk stemmen kann

WOW!

7

Shuris Alter, als sie ihren Bruder T'Challa vor einer Giftschlange rettete.

STECKBRIEF

RICHTIGER NAME: Shuri

STÄRKEN: Macht des Black Panthers durch das Herzförmige Kraut, Macht der wakandischen Vorfahren, geniale Intelligenz

VERBÜNDETE: T'Challa, Ramonda, Storm, Dora Milaje

AUSRÜSTUNG: Der von ihr entworfene Black Panther-Anzug mit beigefügtem Vibranium für mehr Robustheit

AUFGEPASST

Shuri ist gezwungen, die **gefährliche magische Ebenholzklinge** zu benutzen, um Wakanda vor Ulysses Klaues Verbündeten zu schützen.

HOCHGESTUFT!

Nach ihrer Rückkehr aus dem Land ihrer Vorfahren kann Shuri auf deren Kräfte zugreifen. Sie kann zu einem Vogel werden, hat Super-Tempo und kann sich in Stein verwandeln.

GENIALE PRINZESSIN

Shuri ist eine Prinzessin von **Wakanda** und ein **Genie**, das am liebsten im Labor an neuen **Erfindungen** arbeitet. Sie wurde zu **Black Panther**, wenn ihr Bruder T'Challa nicht da war, hilft Wakanda aber lieber mit **Wissenschaft**, anstatt zu kämpfen.

TOP 4 SHURIS ERFINDUNGEN

1 **BLACK PANTHER-ANZUG**—Shuri kreiert ihren eigenen Anzug, als sie Black Panther wird.

2 **FLÜGEL**—High-Tech-Flügel für Notfall-Flugkräfte.

3 **KLEINER SAURON**—ein mobiles Spionagegerät.

4 **FALTPEITSCHE**—ein Schwebeauto, das zum Aufbewahren ganz klein gefaltet werden kann.

ERZÄHL MIR MEHR!

Shuri reist nach Djalia, dem Land der kollektiven Erinnerung von Wakanda, und wird von ihren Vorfahren mit Weisheit gesegnet. Als sie ins Land der Lebenden zurückkehrt, kann sie immer noch ihre Ratschläge hören – was sie manchmal ziemlich nervig findet.

POWER UP!

PANTHER-KRAFT

Wie T'Challa besitzt auch Shuri die **Macht** des **Herzförmigen Krauts**. Sie hat Superstärke, ein hohes Tempo, Ausdauer, gute Reflexe und Agilität, sowie übermenschlich gute Sinne.

ÜBERFLIEGER

Harte Arbeit, Eigenständigkeit und **unglaubliche Willensstärke** helfen Carol Danvers dabei, **Captain Marvel** zu werden – einem der größten Helden der Erde. Ob sie durch das Weltall fliegt oder sich Feinden stellt, Captain Marvels erste Priorität ist immer, den **Planeten zu beschützen**.

HOCHGESTUFT!

Dank Genmanipulation durch Aliens erhält Carol eine Verbindung zu einem weißen Loch – und der Energie eines Sterns! Sie wird die kosmische Heldin Binary.

STECKBRIEF

RICHTIGER NAME: Carol Danvers

ALIASSE: Ms. Marvel, Binary, Warbird

FEINDE: Deathbird, Yon-Rogg, Moonstone

VERBÜNDETE: Mar-Vell, Ms. Marvel (Kamala Khan), Spider-Woman (Jessica Drew)

KRÄFTE: Superstärke, Ausdauer, Flug, Agilität, Energiestrahlen aus den Händen abfeuern

WOW!

117

Die Anzahl an Eiern, die Chewie – ein katzenähnliches Flerken-Alien – in Captain Marvels Raumschiff legt. Sie schlüpfen als Kätzchen!

JAAAA!!

Carol ist ein ehemaliger **AIR FORCE CAPTAIN.** Ihre **MILITÄRISCHE EXPERTISE** macht sie zur idealen Kandidatin für ein Weltraum-Verteidigungs-Programm gegen Alien-Gefahren mit Team **ALPHA FLIGHT**.

ERZÄHL MIR MEHR!

Als Kind wusste Carol nicht, dass ihre Mutter eine auf der Erde untergetauchte Kree-Kriegerin ist. Doch als Carol in die Explosion der Kree-Maschine Psyche-Magnitron gerät, werden ihre eigenen Kree-Kräfte aktiviert.

ZAHLENFOKUS!

2 Dinosaurier
Werden von Captain Marvel auf einer Straße in New York bekämpft

18 Jahre
Captain Marvels Alter, als sie der US-Air Force beitritt, um Pilotin zu werden

83 Tonnen
Kraft von Captain Marvels Schlag

91+ Tonnen
Gewicht, das Captain Marvel heben kann

9600+ km/h
Geschwindigkeit, die Captain Marvel fliegen kann, doch in ihrer Binary-Form ist sie noch viel schneller!

TOP 7

SQUIRREL GIRLS SIEGE

1 **GALACTUS**—Squirrel Girl verhindert, dass der Weltenverschlinger die Erde verspeist und findet für ihn einen unbewohnten Planeten voller Nüsse!

2 **THANOS**—einer der übelsten Schurken im Multiversum wird von Squirrel Girl und ihrem Eichhörnchen Tippy-Toe besiegt.

3 **DOCTOR DOOM**—mit nur 14 Jahren rettet Squirrel Girl Iron Man, indem sie Doom mit Eichhörnchen bedeckt!

4 **FIN FANG FOOM**—während ihre Great Lakes Avengers-Teamkameraden sich entspannen, besiegt Squirrel Girl das riesige Drachen-Alien.

5 **KRAVEN DER JÄGER**—Squirrel Girl überzeugt Kraven, Unterwasser-Monster zu jagen, und sie werden Verbündete.

6 **KANG**—der zeitreisende Eroberer wird von Squirrel Girl aus drei Zeitlinien geschlagen.

7 **MEPHISTO**—Squirrel Girl und die Heldin Gwenpool retten Gwens Bruder aus dem feurigen Königreich des Dämons.

STECKBRIEF

RICHTIGER NAME: Doreen Green

STÄRKEN: Superstärke, Springen, Beißkraft, Schurken ihre bösen Pläne ausreden

VERBÜNDETE: Ihre Eichhörnchen-Partnerin Tippy-Toe

AUSRÜSTUNG: Eichhörnchen-Helikopter, Teleporter

ZAHLENFOKUS!

0,9 m
Länge von Squirrel Girls Schwanz

10 Jahre
In diesem Alter merkt Squirrel Girl, dass sie mit Eichhörnchen reden kann.

0,9 Tonnen
Gewicht, das Squirrel Girl heben kann

9,1 m
Höhe, die Squirrel Girl springen kann

6144
Anzahl von Squirrel Girls Sammelkarten mit Infos über Superschurken und deren Ausrüstung, damit sie auf jeden Kampf vorbereitet ist!

KABUMM!

Squirrel Girls **Klauen** sind so scharf, dass sie sogar durch **dickes Glas** schneiden!

WOW!

492 148

Der Druck pro Quadratzentimeter in Kilogramm, den Squirrel Girls Kiefer aufbringen – sie nagte sich sogar mal durch einen Stahlboden, um einer Falle zu entkommen!

UNSCHLAGBAR!

Squirrel Girl ist eine der überraschendsten Heldinnen der Welt, mit den proportionalen Fähigkeiten eines Eichhörnchens. Obwohl ihre Kräfte etwas **ungewöhnlich** sind, hat sie **mehr** mächtige **Schurken** besiegt als fast jeder andere!

HOCHGESTUFT!

Als Squirrel Girl zum Mond muss, um Galactus daran zu hindern, zur Erde zu kommen, „borgt“ sie sich alte Iron Man-Rüstungsteile und baut sich einen eigenen Raumanzug.

STECKBRIEF

RICHTIGER NAME: Sam Wilson

STÄRKEN: Telepathische Kommunikation mit Vögeln, Flug (mit Flügeln), militärisches Training

AUSRÜSTUNG: Tragbare Flügel, Vibranium-Schild

VERBÜNDETE: Redwing, Captain America (Steve Rogers), Misty Knight, Iron Man, Black Panther

FEINDE: Red Skull, Hydra, Arnim Zola, Baron Zemo

POWER UP!

VOGELMANN

Iron Man gibt Sam ein besonderes **Implantat**, das ihn **„sehen“** lässt, was jeder **Vogel** in der Nähe sieht – so hat Sam am Himmel einen **scharfen Blick**, wann immer er ihn braucht.

JAAAA!

Als Sam in eine Bombenexplosion gerät, wird er von einem Paar Vibranium-Flügeln gerettet, das ihm Iron Man gab.

WOW!

402

Sams Geschwindigkeit in km/h mit seinen ersten Falcon-Flügeln.

HOCHGESTUFT!

Black Panther benutzt wakandische Technologie, um Sam ein neues Paar Flügel aus hartem Licht zu bauen. Sie haben eine Spannweite von bis zu 15 Metern.

FLIEGENDES WUNDER

Ein Kosmischer Würfel verlieh **Sam Wilson** die Fähigkeit, mit **Vögeln** zu kommunizieren, und er wurde der Held **Falcon**. Zusätzlich zu seinem Paar Flügel hat Sam eine besondere Verbindung zu seinem Falken **Redwing**. Sam wird später **Captain America**.

ERZÄHL MIR MEHR!

Obwohl Sams erste Heldenidentität die von Falcon war, übernimmt er später die Rolle von Captain America, als Steve Rogers ihm den Schild übergibt. Rogers wird zwar wieder zu Cap, doch die zwei Helden und Freunde einigen sich darauf, dass sie nun beide Captain America genannt werden!

ZUVOR ...

Als der fliegende Falcon trägt Sam eine rot-weiße Uniform, die zu seinen roten Flügeln passt. Später wechselt er zur berühmten Sternenbanner-Uniform von Captain America – komplett mit ikonischem Schild!

DANACH ...

ZUVOR ...

Riri baute ihre erste Ironheart-Rüstung aus Teilen eines alten Iron Man-Anzugs. Nachdem ihr zweiter Anzug von Thanos zerstört wurde, rüstet sie zum Mark 3 auf, eine leichtere, aber verbesserte Version.

DANACH ...

STECKBRIEF

RICHTIGER NAME: Riri Williams

STÄRKEN: Supergeniale Ingenieurin und Erfinderin

AUSRÜSTUNG: Riris Rüstung verleiht ihr Super-Tempo und Ausdauer und schießt Repulsorstrahlen aus Brust und Händen.

VERBÜNDETE: Iron Man (Tony Stark), NATALIE (KI), Champions, Shuri

METALLWUNDER

Die supergeniale **Ingenieurin Riri Williams** baut sich eine Rüstung wie die von Iron Man und stürzt sich als die **unbezwingbare Ironheart** in den Kampf. Sie ist fest entschlossen, Menschen zu helfen und die Welt zu einem besseren Ort zu machen!

F: Ist Riri Williams Teil eines Teams?

A: JA! Ironheart tritt den Champions bei, ein Team aus jungen Helden, zu denen auch Ms. Marvel (Kamala Khan), Spider-Man (Miles Morales), Nova (Sam Alexander) und Brawn (Amadeus Cho) gehören.

POWER UP!

KI-ASSISTENTEN

Nachdem Riri Iron Mans Segen bekommt, eine Superheldin zu werden, schickt er ihr eine **KI** nach seinem Vorbild. Später entwirft sie eine neue, die auf ihrer alten besten Freundin basiert – **NATALIE**.

HOCHGESTUFT!

Als Riri nach Weirdworld geht, wird sie in Lady Ironheart verwandelt – eine mutige Ritterin, komplett mit Kettenrüstung und einer Waffe namens Streitkolben des Lichts und der Wahrheit.

ZAHLENFOKUS!

3 Rüstungen
Von Riri Williams gebaut

5 Jahre
Riris Alter, als sie als Supergenie eingestuft wurde

10 Ringe
Gefährliche Alien-Waffen, die Riri hütet und hofft, sie für das Gute einsetzen zu können

15 Jahre
In diesem Alter ging Riri an das Prestige-Technologie-College MIT.

41
Anzahl der Iron Man-Rüstungsmodelle, die Riri für ihren eigenen Anzug benutzte

SHIELD AKTENEINSICHT

ÜBERRASCHENDES ANGEBOT
Der weltberühmte Künstler und Erfinder Leonardo da Vinci baut eine Zeitmaschine und reist Jahrhunderte in die Zukunft. Er versucht, Riri für eine neue Organisation genialer Wissenschaftler zu rekrutieren, um SHIELD zu ersetzen.

ERZÄHL MIR MEHR!

Kamala ist zum Teil Inhuman. Inhumans haben besondere Kräfte, die durch einen Prozess namens Terrigenese aktiviert werden. Kamala erhält ihre Kräfte, als der Nebel einer Terrigen-Bombe sie einhüllt. Sie ist erstaunt, als sie herausfindet, dass sie auch ein Mutant ist, was Kamala zu einer einzigartigen Mischung macht.

SHIELD AKTENEINSICHT

ZEITREISENDE

Kamala Khans Kräfte sind sehr besonders – wenn sie einen Teil ihres Körpers vergrößern oder verkleinern muss, leiht sie sich Masse von einer vergangenen oder zukünftigen Version ihrer selbst oder gibt sie zurück. Das bedeutet, ihre Moleküle reisen durch die Zeit!

POWER UP!

GESTALTWANDLER

Kamala kann ihren Körper beliebig **verformen** und sogar wie **andere Leute aussehen**! Einmal verwandelte sie sich in Mary Jane Watson und **rettete** so die echte MJ vor einem Bösewicht.

Der Teenager **Kamala Khan** lebt ihren Traum, als sie zur Superheldin wird und eine der früheren Identitäten ihres Idols Carol Danvers als Codenamen annimmt. Kamala bekämpft Schurken mit ihrer **polymorphen Superkraft** und ist mehr als begeistert, **Ms. Marvel** zu sein!

SUPER-DEHNUNG!

STECKBRIEF

RICHTIGER NAME: Kamala Khan

BASIS: Jersey City, New Jersey

STÄRKEN: Kann Größe und Form ihres Körpers oder nur von Teilen ändern

VERBÜNDETE: Champions, Captain Marvel, Avengers, Bruno, Nakia, X-Men

HOBBIES: Schreibt Superhelden-Fan-Fiction

JAAAA!

Ms. Marvels Traum wird wahr, als sie den Avengers beitritt. An ihrem ersten Tag darf der Superfan Kamala sogar „Avengers, sammeln!" rufen!

GRÖSSENTABELLE

Kamala ist normalerweise 1,63 m groß, kann aber so klein wie ein Insekt oder so riesig wie ein Gebäude werden!

KLEIN

GROSS

HOCHGESTUFT!

Kamalas Freund Bruno fertigt einen Superanzug, der mit ihr wachsen und schrumpfen kann. Die Technik wird für ihren X-Men-Anzug übernommen, als sie ihr Mutantenerbe entdeckt.

SPINNENKRAFT!

Der Teenager-Held **Miles Morales** ist **Spider-Man** – ursprünglich aus einer **anderen Realität**, beschützt er nun **Erde-616**! Zusätzlich zu seinen **spinnenähnlichen** Fähigkeiten hat er noch andere coole Kräfte, was ihn zu einem der **spannendsten Helden** überhaupt macht.

POWER UP!

UNSICHTBAR
Nicht lange nach dem Spinnenbiss entdeckt Miles, dass er **„unsichtbar“** werden kann. Es ist eine Art **Tarnung**, durch die er sich wie ein Chamäleon an seine Umgebung anpassen kann.

NEEIIN!

Miles **KÄMPFT** mit seinen neuen **KRÄFTEN**, als er herausfindet, dass sein **ONKEL AARON** der Kriminelle **PROWLER** ist!

ZAHLENFOKUS!

2 Sprachen
Miles spricht Englisch und Spanisch.

9 Tonnen
Gewicht, das Miles stemmen kann

13 Jahre
Das Alter, in dem Miles seine Spinnenkräfte erhält

42
Zahl auf der mit der Oz-Formel infizierten Spinne, die Miles biss

1610
Miles' Heimatrealität, das „Ultimative“ Universum

ERZÄHL MIR MEHR!

Miles Morales stammt von Erde-1610, einer Parallelrealität. Er wird von einer mit der Oz-Formel infizierten Spinne gebissen, die von Norman Osborn (Green Goblin) kreiert wurde, was Miles Spinnenkräfte gibt – und mehr! Später nimmt er Peter Parkers Platz als Spider-Man in dessen Realität ein.

HOCHGESTUFT!

Als Miles seine Familie vor dem Schurken Rabble beschützt, benutzt er seine bioelektrische Kraft, um ein Energieschwert zu erschaffen!

STECKBRIEF

RICHTIGER NAME: Miles Morales

KRÄFTE: Superstärke, Tempo, Ausdauer, Agilität, Reflexe, Heilfaktor, Wandkrabbeln, Spinnensinn, bioelektrischer Venom Blast, Tarnung

VERBÜNDETE: Spider-Man (Peter Parker), Ganke Lee, die Champions, Ghost-Spider (Gwen Stacy von Erde-65)

HOBBYS: Tagebuch schreiben

SHIELD AKTENEINSICHT

EINE GUTE TAT

Als das Multiversum vernichtet wird, gehört Miles zu einer Gruppe Helden, die in der Taschenrealität von Battleworld gestrandet ist. Er gibt Molecule Man einen Burger, worauf dieser das Multiversum wiederherstellt. Miles' Heimat kann zwar nicht gerettet werden, aber er findet auf Erde-616 eine neue!

WOW!

23

Das Gewicht in Tonnen, das Devil Dinosaur allein mit seinen Kiefern heben kann.

WOW!

30

Hank Pyms maximale Größe in Metern als Goliath/ Giant-Man.

ERZÄHL MIR MEHR!

Hank Pym ist einer der Ersten, die das Mikroversum erforschen – eine andere Dimension, die man nur mikroskopisch klein erreichen kann. Im Mikroversum gibt es viele Planeten, die von interessanten Wesen bewohnt werden, wie Echsen- oder Insektenvölker.

TOP 5

HANK PYMS IDENTITÄTEN

1. **GIANT-MAN** – Hank und Wasp (Janet Van Dyne) sind im Kleinen und Großen ein Team.
2. **YELLOWJACKET** – Hank wurde Yellowjacket, als die Anstrengung, ein Riese zu werden, zu viel für ihn wurde.
3. **ANT-MAN** – Hanks Erfindungen und wissenschaftliches Genie machten ihn zum Original-Ant-Man!
4. **GOLIATH** – Hank wählte einen neuen Namen, als er Wasp retten musste.
5. **WASP** – als Janet Van Dyne verloren zu sein schien, nahm Hank ihr zu Ehren ihren Namen an.

F: Wie steuert Hank Pym Ameisen?

A: Hank baut einen Helm, mit dem er mit Ameisen kommunizieren kann. Er nutzt sie als Helfer auf Missionen und kann mit geflügelten Ameisen sogar fliegen!

GRÖSSENTABELLE

Hank Pym kann als Ant-Man auf mikroskopische Größe schrumpfen und als Giant-Man riesig werden – auch dazwischen ist alles möglich!

ANT-MAN
Größe: Normal 1,3 m, manchmal mikroskopisch!

GIANT-MAN
Größe: 30 m

PYM-PARTIKEL

Hank Pym ist das **Supergenie**, das die Pym-Partikel entdeckte, die er benutzt, um zu **schrumpfen** und zu **wachsen** und ein Superheld zu werden! Er ist einer der ersten Avengers und hatte über die Jahre viele Codenamen.

STECKBRIEF

RICHTIGER NAME:
Dr. Henry „Hank" Pym

STÄRKEN: Genialer Forscher und Erfinder, kann mit Pym-Partikeln wachsen und schrumpfen

SCHWÄCHEN: Oft zu fokussiert auf seine Arbeit

VERBÜNDETE:
Avengers, Wasp, Tigra

Hank Pyms **GRÖSSTE KREATION** ist vielleicht auch sein **GRÖSSTER FEHLER** – der hochintelligente, aber böse Roboter namens **ULTRON!**

TOP 5

GUTE GWENS

1 **THORGWEN** – Gwens wilde Seite, die Donnergöttin!

2 **CAP GWEN** – diese Gwen ist von der Kriegsheldin Captain America inspiriert (Samantha Wilson).

3 **IRON GWEN** – geniale Ingenieurin.

4 **WOLVERINE GWEN** – eine Gwen mit Klauen und unzerstörbarem Skelett.

5 **CAPTAIN MARVEL** – mächtige Retterin ihrer Heimatwelt.

POWER UP!

GWENOM
Nachdem Gwen ihre Kräfte verliert, kriegt sie sie zurück, indem sie einen Spezialanzug aus **synthetischen, symbiontischen** Laborspinnen trägt, um **Venoms Kräfte** zu **imitieren**.

HOCHGESTUFT!
Ghost-Spider hat ein spezielles „Ticket ins Multiversum" – ein Schlüssel, mit dem sie Portale in Parallelrealitäten öffnen kann. Damit besucht sie liebend gern andere Spinnenhelden!

ERZÄHL MIR MEHR!
Ghost-Spider stammt von Erde-65, einer Realität, in der Gwen Stacy von einer Alien-Spinne gebissen wurde und anstatt Peter Parker Spinnenkräfte bekam. Da es in ihrer Heimatrealität nicht viele Superschurken gibt, reist sie gern in andere Dimensionen, um dort eine Heldin zu sein.

SPIDER-VERSE-HELDIN

In einem Paralleluniversum ist **Gwen Stacy** die fantastische **Ghost-Spider**! Mit ihren Kräften durch einen Spinnenbiss bekämpft der Teenager Gwen neben dem Lernen Schurken und spielt in der Band die **Mary Janes** Schlagzeug.

NEEIIN!!
Die **BÖSE CINDY MOON** von Erde-65 erzählt Ghost-Spider, dass **SIE** dafür sorgte, dass Gwen **SPINNENKRÄFTE** erhielt. Dann will sie sie ihr mit einer Maschine wieder rauben.

STECKBRIEF

RICHTIGER NAME: Gwen Stacy

STÄRKEN: Superstärke, Tempo, Agilität, Reflexe, Ausdauer, Wandkrabbeln, Spinnensinn

VERBÜNDETE: Spider-Man (Miles Morales) von Erde-1610, die Mary Janes, George Stacy von Erde-65, Reed Richards von Erde-65

HOBBYS: Schlagzeug für die Mary Janes, Tanz – vor allem Ballet

TOP 5 NICHT-SO-GUTE GWENS

1. **SANDGWEN** – ein Klon soll Ghost-Spider bekämpfen, doch sie freunden sich an.
2. **GWEN OCK** – noch ein Klon, der sich mit Ghost-Spider verbündet.
3. **RHINOGWEN** – dieser Klon von Gwen und Rhino ist nicht so clever.
4. **VULTURE GWEN** – fliegender, schurkischer Klon.
5. **KRAVGWEN DIE JÄGERIN** – ein gedankenkontrollierter Klon von Gwen und einem Sinister Six-Mitglied.

STECKBRIEF

RICHTIGER NAME: Clinton Francis „Clint“ Barton

STÄRKEN: Meisterschütze im Bogenschießen, Kampfkünstler

WAFFEN: Maßgeschneiderter Bogen und Trickpfeile für jede Situation

VERBÜNDETE: Black Widow, Iron Man, Captain America, Mockingbird

BERÜHMT FÜR: Seine Pfeile verfehlen nie ihr Ziel!

IDENTITÄTS-KRISE?

Clint hat es satt, keine Superkräfte zu haben, und injiziert sich selbst Pym-Partikel. Er wächst zu enormer Größe heran und wird der Superheld Goliath. Allerdings nicht für lange – Clint begreift, dass man keine Kräfte braucht, um ein Held zu sein!

ERZÄHL MIR MEHR!

Clint ist seit seiner Kindheit halb taub und hat Zeichensprache und Lippenlesen gelernt, um besser zu verstehen, was Leute sagen. Er hat auch ein High-Tech-Hörgerät, das sein Freund Tony Stark (Iron Man) extra für ihn angefertigt hat.

ADLERAUGE!

Hawkeye ist ein ganz besonderer Avenger, da er ohne Superkräfte in den Kampf zieht und sich auf sein **unglaubliches Geschick** mit **Pfeil** und **Bogen** verlässt. Clint trainiert hart, um so gut wie möglich zu sein, ist aber auch immer zu **Späßen** aufgelegt.

HUNDE-FUTTER

Als Clint nach Brooklyn zieht, RETTET er einen HUND namens ARROW vor Kriminellen. Clint tauft ihn in LUCKY um, doch die Vorliebe des Vierbeiners für Pizza bringt ihm den Spitznamen PIZZA-HUND ein!

POWER UP!

HAWKEYES „FLÜGEL“

Da Hawkeye nicht fliegen kann, bittet er einen Ingenieur, ihm ein **Schweberad** zu konstruieren. Damit fliegt er dann in den Kampf – **mit Stil**!

WOW!

122

Die Anzahl an Pfeilarten, die Hawkeye benutzt. (Könnten mehr sein – schwer, den Überblick zu bewahren.)

JAAAA!

Als Hawkeye die junge Kate Bishop rettet, ist sie so beeindruckt von diesem Helden ohne Superkräfte, dass sie beschließt, wie er zu werden. Kate benutzt auch den Codenamen Hawkeye und sie und Clint bekämpfen oft gemeinsam Schurken.

TOP 7

BESTE PFEILE

1. **EXPLOSIONSPFEIL** – KA-*BUMM*!
2. **RAKETENPFEIL** – sprengt Schurken in die Luft!
3. **BOXHANDSCHUH-PFEIL** – ein K.O.-Schlag!
4. **PYM-PARTIKEL-PFEIL** – schrumpft das Ziel aus dem Kampf.
5. **HACKER-PFEIL** – wenn man das Computerpasswort vergessen hat.
6. **KLEBEPFEIL** – ein klebriges Problem für Schurken!
7. **BUMERANG-PFEIL** – minimiert Materialkosten.

ERZÄHL MIR MEHR!

Scott ist nicht der Einzige in seiner Familie, der ein größenverändernder Held wird – seine Tochter Cassie benutzt auch Pym-Partikel zur Verbrecherjagd – erst als Stature, dann als Stinger. Scott hat sie gern bei sich, hasst es aber, wenn sie in Gefahr ist.

F: Wie wird Scott zu Ant-Man?

A: Er stiehlt den alten Anzug des Original-Ant-Man Hank Pym. Scott stiehlt auch Hanks Pym-Partikel-Formel, um zu schrumpfen.

GROSS-KLEIN!

Manchmal brauchen große Probleme kleine Lösungen – und da kommt **Ant-Man** ins Spiel! Der erstaunliche **größenverändernde** Held kann **winzig klein** oder **riesengroß** werden und arbeitete gemeinsam mit den Avengers und den Fantastic Four.

AUSRITT!
Wenn Scott schnell wohin muss, schrumpft er einfach und springt auf eine freundliche fliegende Ameise!

TOP 4
TRÄGER DES NAMENS ANT-MAN

1 **SCOTT LANG** – der aktuelle Ant-Man hat sich den Namen zu eigen gemacht.

2 **HANK PYM** – Pym hat alles erst möglich gemacht: der erste Ant-Man.

3 **ERIC O'GRADY** – O'Grady nutzt den Ant-Man-Anzug aus falschen Gründen, versucht aber am Ende, ein Held zu sein.

4 **ZAYN ASHGAR** – ein Wissenschaftler aus einer möglichen Zukunft, klont Ameisen, um Ant-Man zu sein.

WOW!

1,6 km

Die Distanz, über die Ant-Man mit Insekten reden kann. Natürlich braucht er dazu seinen kybernetischen Helm!

STECKBRIEF

RICHTIGER NAME: Scott Lang

STÄRKEN: Kann mittels Pym-Partikeln schrumpfen oder wachsen, kommuniziert mit Ameisen

VERBÜNDETE: Cassie Lang, Hank Pym, Wasp, Avengers, Fantastic Four, Heroes for Hire

SCHWÄCHEN: Kriminelle Vergangenheit, doch Scott hat sich gebessert und geht seither mit gutem Beispiel voran.

HOCHGESTUFT!

Als Ant-Man ins Wilde Land reist, formen alle dortigen Insekten eine riesige Rüstung um ihn herum. Sie wissen, wie gut er zu Insekten ist, und wollen ihm helfen.

VOLLER ENERGIE

Monica Rambeau ist einer der **mächtigsten Helden** der Erde – und darüber hinaus! Mit unglaublicher Macht über alle Energiearten änderte sie ihren Codenamen von **Captain Marvel** zu **Photon, Pulsar, Spectrum** und wieder zurück zu **Photon**. Aber ihr Heldenmut und ihre Entschlossenheit ändern sich nie!

TOP 5 PHOTONS ENERGIEFORMEN

1 **RÖNTGENSTRAHLEN** – als Röntgenstrahlenenergie kann sich Photon ungesehen durch feste Materie bewegen. Perfekt für Geheimeinsätze!

2 **INFRAROTSTRAHLUNG** – so kann Photon Flammen um sich herum erzeugen.

3 **GAMMASTRAHLUNG** – Photon kann zu der Energie werden, die Hulk seine Kräfte gab, weiß aber, wie gefährlich sie für Menschen sein kann.

4 **RADIOWELLEN** – als Radiowellen kann Photon über Kommunikationsleitungen reisen und auf Fernsehern erscheinen!

5 **ELEKTRIZITÄT** – Photon kann sich in pure Elektrizität verwandeln oder sie als Energiestrahlen abfeuern.

ERZÄHL MIR MEHR!

Photons Kräfte wurden aktiviert, als sie versuchte, eine Energiewaffe abzuschalten. Doch sie konnte schon als Kind Energien kontrollieren. Aus Angst erzählte sie niemandem von ihren Kräften, bis sie erwachsen war.

WOW!

1079 869 824

Die Geschwindigkeit in km/h, die Photon in ihrer Lichtgestalt fliegen kann. Das ist Lichtgeschwindigkeit!

STECKBRIEF

RICHTIGER NAME: Monica Rambeau

STÄRKEN: Super-Tempo, Flug, Unverwundbarkeit, Energiestrahlen, Energieaustausch, kann körperlos und unsichtbar werden und durch das All reisen

VERBÜNDETE: Avengers, Blue Marvel, Hellcat, Firestar, Black Cat

HOCHGESTUFT!

Als Blue Marvel Photons Leben rettet, indem er ihr mittels Antimaterie mehr Photonen gibt, wird sie viel stärker, praktisch unsterblich und ist mit der kosmischen Energie des Universums verbunden.

POWER UP!

ENERGIEWESEN
Photons Hauptkraft ist, ihren Körper in **pure Energie verwandeln** zu können, je nachdem, welche **Energieform** sie für eine Mission braucht. Sie kann sogar zu einem **Lichtstrahl** werden!

JAAAA!

Als Wasp eine Auszeit von den Avengers braucht, übernimmt Monica (zu der Zeit Captain Marvel genannt) ihren Platz als Anführerin des Teams.

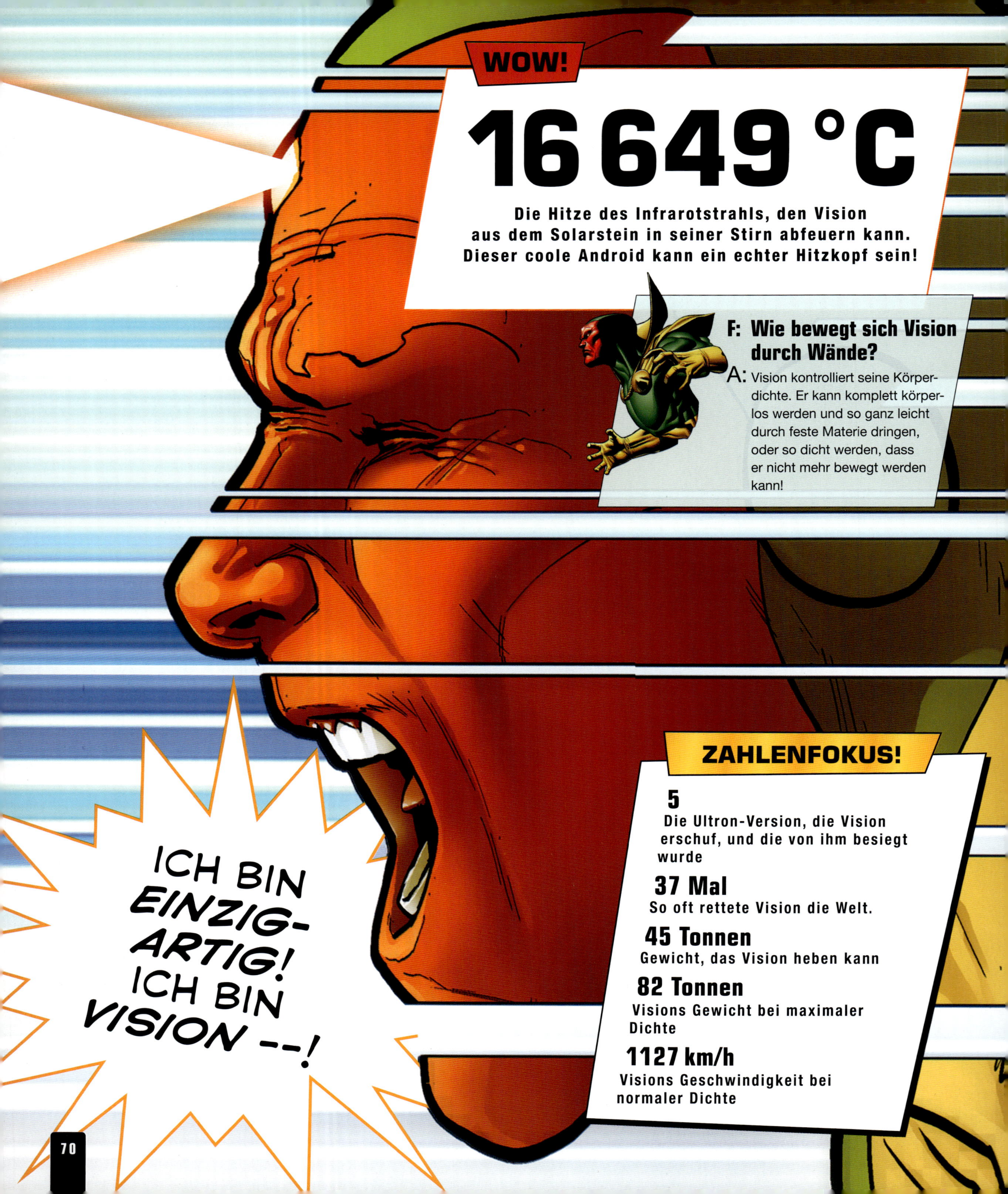

WOW!

16 649 °C

Die Hitze des Infrarotstrahls, den Vision aus dem Solarstein in seiner Stirn abfeuern kann. Dieser coole Android kann ein echter Hitzkopf sein!

F: Wie bewegt sich Vision durch Wände?

A: Vision kontrolliert seine Körperdichte. Er kann komplett körperlos werden und so ganz leicht durch feste Materie dringen, oder so dicht werden, dass er nicht mehr bewegt werden kann!

ZAHLENFOKUS!

5
Die Ultron-Version, die Vision erschuf, und die von ihm besiegt wurde

37 Mal
So oft rettete Vision die Welt.

45 Tonnen
Gewicht, das Vision heben kann

82 Tonnen
Visions Gewicht bei maximaler Dichte

1127 km/h
Visions Geschwindigkeit bei normaler Dichte

ULTRONS FEHLER
Ultron erschafft Vision, um die Avengers zu **vernichten** – doch das geht nach hinten los! Der Synthezoid wendet sich gegen ihn und wird sein **mächtigster Feind**.

SUPER-SYNTHEZOID

Er ist nicht nur ein Roboter – **Vision** ist so viel mehr! Obwohl er vom bösen **Ultron** erschaffen wurde, lehnt der **Synthezoid** seinen bösen „Vater“ ab. Er will Gutes tun und freundet sich mit den Avengers an. Er tritt dem Team bei und wird eines seiner **wichtigsten** Mitglieder.

STECKBRIEF

SPEZIES: Ein künstlicher, intelligenter Android, den man Synthezoid nennt

STÄRKEN: Intelligenz, Dichteveränderung, Flug, Infrarotstrahl, übermenschliche Stärke, Körperlosigkeit

GUT IN: Robotik, Computer, Schach

SCHÖPFER: Ultron

HAUPTFEIND: Ultron

ERZÄHL MIR MEHR!
Vision ist ein Synthezoid – ein Roboter mit einem synthetischen Körper. Er funktioniert fast komplett wie ein Mensch, hat aber besondere Superkräfte.

JAAAA!

Scarlet Witch wird eine so mächtige Magierin, dass es ihr sogar gelingt, den schrecklichen Dämon Dormammu zu besiegen.

SHIELD AKTENEINSICHT

SCHLECHTE GESELLSCHAFT

Bevor sie den Avengers beitrat, war Scarlet Witch kurzzeitig eine Schurkin! Sie und ihr Zwillingsbruder Quicksilver wurden Teil der Bruderschaft der bösen Mutanten, nachdem Magneto, der Anführer der Gruppe, sie vor einem wütenden Menschenmob rettete.

STECKBRIEF

RICHTIGER NAME: Wanda Maximoff

STÄRKEN: Ihre Chaosmagie verändert die Realität. Sie trainiert, um ihre magischen Kräfte zu kontrollieren.

VERBÜNDETE: Vision, Quicksilver, Avengers, Wonder Man, Agatha Harkness

FEINDE: Doctor Doom, Chthon, Mephisto, Master Pandemonium

ERZÄHL MIR MEHR!

Scarlet Witch wurde mit der Fähigkeit geboren, Magie zu benutzen, die während ihrer Zeit mit dem High Evolutionary verstärkt wurde. Der Dämon Chthon stärkte sie weiter, indem er ihr die Macht gab, Chaosmagie zu benutzen.

POWER UP!

HEXE IN AUSBILDUNG

Um ihr zu helfen, ihre Kräfte zu kontrollieren, unterweist die Hexe **Agatha Harkness** Wanda in der **Kunst der Magie**. Dies und ihre übermenschlichen Fähigkeiten **verstärken** Wandas Macht, aber es geht dennoch alles schief!

AAARRGHH!!

Als Scarlet Witch die Worte „Keine Mutanten mehr" spricht, **VERLIEREN 99 PROZENT** aller Mutanten der Welt ihre Kräfte.

KRAFT DER MAGIE!

Scarlet Witch ist einer der mächtigsten Helden des **Multiversums**, denn ihre **„Chaosmagie"** kann sogar die **Realität verändern**! Sie ist ein guter Mensch, aber wenn sie wütend wird, kann ihre Magie **gefährlich** werden – sogar für ihre Freunde!

KÖNIG DER MEERE

Namor ist der Herrscher und Beschützer des Unterwasser-Königreiches von **Atlantis** und hat erstaunliche **aquatische Fähigkeiten**. Als Sohn einer königlichen atlantischen Mutter und eines menschlichen Vaters ist Namor oft im Konflikt mit den „Landbewohnern“, kämpft aber dennoch mit ihnen, wenn es Atlantis dient.

ZWISCHEN …

Namor war einer der ersten Marvel-Superhelden. Er wurde von Bill Everett erdacht und debütierte in *Motion Picture Funnies Weekly 1* (April 1939). Sein Name ist „Roman“ rückwärts geschrieben.

… DEN PANELS

POWER UP!

HYDRO-HELD
Der Kontakt mit Wasser **verstärkt** Namors fantastische Fähigkeiten und Stärke um ein Vielfaches – und im **Meer** ist der Held so gut wie **unbesiegbar**!

STECKBRIEF

RICHTIGER NAME: Namor McKenzie

SPITZNAMEN: Der Sub-Mariner, der Rächende Sohn, Imperius Rex

STÄRKEN: Amphibische Anpassung, um im Wasser zu leben, Superstärke, Tempo, Reflexe und Ausdauer, Flug, langes Leben, Telepathie mit Meereskreaturen

SCHWÄCHEN: Dehydrierung und Umweltverschmutzung, hitzköpfig

FEINDE: Attuma, Tiger Shark, Nitro, alle, die Atlantis gefährlich werden könnten

AUFGEPASST

Das **Horn des Proteus** ist ein atlantisches **Artefakt**, das **Ungetüme** aus den Tiefen des Ozeans rufen kann, die dem Träger zu Willen sind. Namor benutzte das Horn, um Wesen wie **Giganto** zu rufen, ein riesiger **Wal** mit **Armen und Beinen**.

IMPERIUS REX!
Namors Schlachtruf

WOW!

97

Namors Höchstgeschwindigkeit beim Schwimmen in km/h – mehr als 13 mal schneller als der beste menschliche Schwimmer.

NEPTUNS DREIZACK

Der Herrscher von Atlantis benutzt den Dreizack oft als Symbol der Macht. Er kann **Wasser manipulieren** und mächtige **magische Strahlen** abfeuern.

NÄCHTLICHER NINJA

Tagsüber ist **Matt Murdock** Anwalt, doch nachts ist er **Daredevil**, der **Mann ohne Furcht**! Er kann nicht mehr sehen, doch seine restlichen Sinne sind übermenschlich genau! Mit seinen **unglaublichen Kampfkünsten** beschützt er sein Viertel und die Welt!

WOW!

15

Die maximale Distanz in Metern, über die Daredevil eine Person per Geruchssinn in einer Menge verfolgen kann.

ERZÄHL MIR MEHR!

Als Matt als Kind mit radioaktiven Chemikalien bedeckt wird, verliert er sein Sehvermögen und seine anderen Sinne werden übermenschlich stark. Er erhält einen „Radarsinn“, der ihm ein „Bild“ seiner Umgebung verschafft, indem sein Gehirn unsichtbare Wellen abgibt, die von umliegenden Objekten abprallen.

STECKBRIEF

RICHTIGER NAME: Matthew (Matt) Michael Murdock

STÄRKEN: Unglaubliche Kampfkünste, übermenschliche Sinne, ausgezeichneter Athlet

JOB: Strafverteidiger

HEIMAT: Hell's Kitchen (New York)

VERBÜNDETE: Spider-Man (Peter Parker), Black Widow (Natasha Romanoff), Iron Fist (Danny Rand), Foggy Nelson, Elektra

FEINDE: Kingpin, Bullseye, Electro (Maxwell Dillon), Stilt-Man (Wilbur Day), die Hand

WIRKLICH?!

Daredevils Tastsinn ist so fein, dass er die Zeitung nur durch Fühlen lesen kann!

ZAHLENFOKUS!

20 mg
Menge einer Substanz, die Daredevil in Essen entdecken kann

6 m
Maximale Distanz, über die Daredevil einen Herzschlag hören kann

2 Häuserblöcke
Maximale Distanz, über die Daredevil Schießpulver riechen kann

9 m
Länge des Kabels in Daredevils Stock, mit dem er durch die Stadt schwingt

360 Grad
Das „Blickfeld" von Daredevils Radarsinn

KABUMM!

Als Sohn eines **Boxers** wird Daredevil nach dem Training mit seinem mysteriösen Mentor **Stick** selbst ein ausgezeichneter Kämpfer.

TOP 4 COOLE DAREDEVIL KOSTÜME

1 **AUFFALLEND**—der gelbe Anzug mit einem „D"-Symbol (später doppelt) ist ein markanter Look.

2 **SIMPEL**—Komfort ist für Superhelden wichtig! Dieser rote Anzug ist sehr praktisch.

3 **GEWAPPNET**—dieser biomimetische Anzug schützt mit einer eingebauten weißen Rüstung vor Verletzungen.

4 **ANDERS**—dieser schwarze Anzug mit rotem Kampfgürtel und Handschuhen ängstigt Feinde.

AUFGEPASST

Matts **Stock** enthält einen **Greifhaken** mit **Kabel**, um auf Dächer zu klettern. Er kann auch zu einem **Kampfstock** werden, den er mit unglaublicher **Präzision** werfen kann.

STECKBRIEF

RICHTIGER NAME: Jessica Miriam Drew

STÄRKEN: Spinnenkräfte, Energiestrahlen, stimmungsverändernde Pheromone, Flug, Resistenz gegen Gifte

VERBÜNDETE: Captain Marvel, Avengers, Ben Urich, Nick Fury

FEINDE: Hydra, Morgan le Fay, Charlotte Witter, Skrulls, Kindred

POWER UP!

VENOM BLAST!
Spider-Womans Körper produziert so viel **bioelektrische Energie**, dass sie sie durch ihre Hände mittels Strahlen abgeben kann. Sie kann sogar kontrollieren, wie **stark** die Strahlen sind.

KABUMM!

Spider-Womans **Kräfte** liegen in der Familie – als sie ein **Baby** bekommt, dauert es nicht lange, bis es die **Wand hinaufkrabbelt**!

SHIELD AKTENEINSICHT

SPIDER-SPEZIALAGENTIN
Spider-Woman ist eine Superspionin, die verdeckt für SHIELD ermittelt, und außerirdische Gefahren für SWORD aufspürt. Sie ist auch ein Secret Avenger – neben Hawkeye, Black Widow und sogar dem bösen Genie MODOK, als dieser seine alte Organisation satthat.

GEHEIMSPINNE

Jessica Drew ist **Spider-Woman**: eine **wandkrabbelnde Heldin**, die eine Spionin, eine SHIELD-Agentin und auch lange Zeit ein Avenger war. Zusätzlich zu ihren fantastischen Superkräften ist sie auch noch eine **ausgezeichnete Detektivin**.

AAARRGHH!!

Während der **SECRET INVASION** – als Skrull-Aliens die Erde infiltrierten – wurde Jessica von Skrulls entführt. Deren Königin Veranke **TARNTE** sich als Spider-Woman und **TÄUSCHTE** sogar Jessicas Freunde bei den Avengers!

ERZÄHL MIR MEHR!

Jessicas Wissenschaftler-Eltern Jonathan und Miriam Drew wollen menschliche DNA mit Spinnenfähigkeiten „verbessern“. Als Jessica schwer krank wird, injiziert ihr ihr Vater ein experimentelles Spinnenserum, um ihr Leben zu retten, und sie bekommt Super-Spinnenkräfte.

SCHRÄGE MAGIE

Doctor Strange ist der **Oberste Zauberer**, der mächtigste Magier der Welt. Andere Helden bekämpfen Superschurken und Alien-Invasoren – Strange schützt unseren Planeten vor **Dämonen, Hexenmeistern** und **unheimlichen Wesen** aus **mystischen Dimensionen**!

ERZÄHL MIR MEHR!

Doctor Strange erhält Zaubersprüche, magische Artefakte und Hilfe von drei uralten, gottgleichen Wesen namens Vishanti. Das sind Oshtur die Allmächtige, Agamotto der Allsehende und Hoggoth der Ergraute.

STECKBRIEF

RICHTIGER NAME: Dr. Stephen Vincent Strange

ALIASSE: Oberster Zauberer, Meister der Mystischen Mächte

STÄRKEN: Ein immens mächtiger Magier mit einer Bibliothek voller Zaubersprüche und einer Sammlung magischer Artefakte

BASIS: Sanctum Sanctorum, 177A Bleecker Street, Greenwich Village, New York

VERBÜNDETE: Avengers, Defenders, Clea

FEINDE: Baron Mordo, Dormammu, Shuma-Gorath, Nightmare

Coole Macht: Eine magische Kraft, die Doctor Strange gemeistert hat, sind Astralreisen – sein Geist kann den Körper verlassen und ungesehen durch die Welt reisen.

Schwächen: Seine Astralform ist für Geister (und den Hulk!) sichtbar, und sein Körper ist wehrlos, solange sein Bewusstsein umherreist!

Schwebemantel

Möchtest du fliegen? Dann brauchst du diesen Mantel. Er gehorcht den Befehlen von Doctor Strange, selbst wenn dieser ihn nicht trägt.

F: Wie erlernte Doctor Strange seine Magie?

A: Stephen Strange ist ein brillanter, aber arroganter Chirurg – bis seine Hände verletzt werden! Um eine Heilung zu finden, sucht er einen legendären Mystiker, den Ältesten, im Himalaja auf. Der Älteste ist der Oberste Zauberer der Erde, und er erwählt Strange als seinen Lehrling!

TOP 5 ZAUBERSPRÜCHE

1. **ILLUSIONEN VON IKONN**—ein Täuschungszauber, der sogar den mächtigen Galactus ängstigte.
   NÜTZLICHKEIT: 10/10
2. **ROTE BÄNDER VON CYTTORAK**—diese magischen Bänder können sogar den Hulk halten.
   NÜTZLICHKEIT: 9/10
3. **SIEBEN RINGE VON RAGGADOR**—blaue Energieringe, die Strange vor Schaden schützen.
   NÜTZLICHKEIT: 7/10
4. **WINDE VON WATOOMB**—dieser Wirbelwind kann Strange davontragen oder Feinde wegblasen.
   NÜTZLICHKEIT: 7/10
5. **FLAMMEN DER FALTINE**—diese grünen Feuerbälle entsetzen Feinde.
   NÜTZLICHKEIT: 6/10

SUPERSCHURKEN

WOW!

200 $

Die Geldsumme, um die Doctor Doom Luke Cage betrogen hat. Der Held reist bis nach Latveria, um sich zu holen, was Doom ihm schuldet, und rettet Doom dabei das Leben.

HOCHGESTUFT!

Valeria Richards hilft Doom, durch ein Tor in andere Realitäten zu gelangen, wo er sich nicht nur einen, sondern zwei Infinity-Handschuhe holt.

ZUVOR ...

NORMALE RÜSTUNG

IRON MAN-ANZUG

Doctor Doom trägt immer eine Rüstung, doch für kurze Weile trug er einen Iron Man-Anzug, um sich als Held zu versuchen! Das dauerte aber nicht lange ...

DANACH ...

ERZÄHL MIR MEHR!

Victor Von Doom reist aus seinem Heimatland in die USA, um auf die Universität zu gehen, wo er Reed Richards trifft (später Mister Fantastic). Wegen seiner gefährlichen Experimente (eines verunstaltet sein Gesicht) wird er der Uni verwiesen. Als Doctor Doom legt er eine Rüstung und eine Maske an, die so heiß ist, dass er sein Gesicht versehentlich noch mehr verbrennt.

MAGIE UND WISSENSCHAFT

Doctor Doom ist der Herrscher des kleinen Landes **Latveria**. Er ist ein **Genie**, das sowohl **Wissenschaft** als auch **Magie** gemeistert hat. Neidisch auf Reed Richards, versucht Doom durch verschiedene böse Pläne ständig zu beweisen, dass er der **Klügere** von beiden ist.

SHIELD AKTENEINSICHT

DER PATENONKEL
Doctor Doom ging mit der Tochter seines größten Feindes, Valeria Richards, eine ungewöhnliche Bindung ein, nachdem er bei ihrer Geburt geholfen hatte. Er wählte ihren Namen und sie nennt ihn Onkel Doom.

STECKBRIEF

RICHTIGER NAME: Victor Von Doom

GRÖSSE: 1,88 m ohne Rüstung, 2,01 m mit Rüstung

GEWICHT: 103 kg ohne Rüstung, 188 kg mit Rüstung

HEIMAT: Latveria

STÄRKEN: Brillante Intelligenz, talentierter Zauberer

FEINDE: Fantastic Four, Avengers, Doctor Strange, X-Men

TOP 5 *DOOMS ERFINDUNGEN*

1. **ZEITPLATTFORM** – Doom kann jede gewünschte Zeitperiode besuchen.
2. **DOOMBOTS** – der Schurke ist berühmt für diese Roboter, die ihm selbst nachempfunden sind.
3. **URKNALL-KANONEN** – Doom baut Waffen, die die Bausteine des Universums benutzen, um Galactus zu besiegen.
4. **RÜSTUNG** – Dooms Rüstung enthält viele Schutzvorrichtungen und Waffen, auch Weltraumreisen sind möglich.
5. **JENSEITS-TRANSPORTER** – um seine Mutter zu finden, baut Doom eine Maschine, die es den Fantastic Four später ermöglicht, Thing zu retten.

WELTENFRESSER

Der gewaltige **Galactus** ist im gesamten Universum gefürchtet, da er sich von der **Lebensenergie** ganzer **Welten** ernährt! Er hatte die Erde schon mehrere Male auf dem Speiseplan, doch die Helden des Planeten konnten Galactus immer wieder **überzeugen**, sich einen anderen Imbiss zu suchen.

WOW!

18 189

Galactus' Gewicht in Kilogramm, doch es kann abhängig von seinen Kräften variieren.

F: Was ist die kosmische Macht?

A: Eine universale Lebensenergie, die Galactus unglaubliche Kräfte verleiht. Einen Teil davon gibt er seinem Herold, damit er für ihn arbeiten kann. Der Silver Surfer sagt, es ist, als wäre man mit allen lebenden Dingen gleichzeitig verbunden.

ERZÄHL MIR MEHR!

Galactus war einst der humanoide Galan, der einzige Überlebende des Universums vor unserem jetzigen. Als dieses geboren wurde, verwandelte sich Galan in den mächtigen Galactus, ein gewaltiges Wesen, das Lebensenergie zum Überleben braucht. Er hat meist einen Herold, der ihm passende Welten zum Verschlingen sucht.

HOCHGESTUFT!

Galactus' „Worldship", das er gebaut und nach seiner verlorenen Heimatwelt Taa benannt hat, ist so groß, dass es von Planeten umkreist wird.

AUFGEPASST

Der **Ultimative Destruktor** ist eine so mächtige Waffe, dass sie sogar Galactus fürchtet – also bewahrt er sie an Bord seines Schiffes auf. Man sagt, sie könne **ganze Universen** vernichten!

STECKBRIEF

RICHTIGER NAME: Galan

STÄRKEN: Die kosmische Macht verleiht ihm fast unbegrenzte Macht und Kraft.

GRÖSSE: 8,76 m

BASIS: *Taa II*-Worldship

FREUNDE/FEINDE: Keine – Galactus steht laut ihm selbst über solchen Nichtigkeiten.

TOP 5 HEROLDE VON GALACTUS

1. **SILVER SURFER** – Galactus' bekanntester Herold ist Norrin Radd, der das Universum auf seinem Brett durchreist.
2. **FRANKIE RAYE** – diese Erdenfrau wollte das Weltall erforschen, also machte Galactus sie zu seinem Herold namens Nova.
3. **TERRAX DER ZÄHMER** – wurde wegen seiner Grausamkeit erwählt, damit es ihn nicht kümmert, Welten für Galactus zu finden.
4. **AIR-WALKER** – ein Mitglied des Nova Corps vom Planeten Xandar, auch bekannt als Gabriel Lan.
5. **DESTROYER** – die magische, asische Rüstung diente Galactus als Herold.

MEGA-GROSS!

Die superstarke Titania kann es nicht leiden, wenn die Leute sagen, She-Hulk wäre **stärker** als sie. Titania will immer gegen ihre Rivalin kämpfen, um das **Gegenteil** zu beweisen! Obwohl sie eine Kriminelle ist, hat Titania auch versucht, neu anzufangen und das Richtige zu tun!

AUFGEPASST

Titania erhält vom Champion of the Universe den **Machtstein** der **Infinity-Steine**, damit sie She-Hulk für ihn besiegen kann. Obwohl Titania noch **nie so mächtig** war, kann She-Hulk sie **austricksen** und den Stein an sich nehmen.

WOW!

1500 °C

Die Temperatur, der Titanias superstarker Körper widerstehen kann. Das ist heißer als Lava!

STECKBRIEF

RICHTIGER NAME: Mary MacPherran

STÄRKEN: Superstärke, Ausdauer, Belastbarkeit, schnelle Heilung

GRÖSSE: 1,98 m

GEWICHT: 247 kg

VERBÜNDETE: Absorbing Man, Volcana, Meister des Bösen, Frightful Four

FEINDE: She-Hulk, Spider-Man

JAAAA!

Titania heiratet einen Mit-Schurken namens Absorbing Man (Carl Creel). Mit der Zeit hilft sich das Paar gegenseitig, ehrlich zu werden.

ERZÄHL MIR MEHR!

Mary war ein sehr kleines Kind und wurde an der Schule als Skeeter gehänselt (kurz für „Moskito“). Sie träumte davon, groß, stark und selbstbewusst zu sein, und bekam ihre Chance, als Doctor Doom ihr und ihrer einzigen Freundin Marsha Kräfte anbot. Skeeter wurde die mächtige Titania.

HOCHGESTUFT!

The Hood benutzt schwarze Magie, um Titania sogar noch stärker zu machen. Sie kämpft in einer epischen Schlacht gegen Thor (Jane Foster).

TITANIA VS. SHE-HULK

TITANIA

- Kräfte von Doctor Doom erhalten
- Nahm für immer eine größere, stärkere Form an
- Tut sich schwer, Verbrechen sein zu lassen

GEWONNENE KÄMPFE: 0

SHE-HULK

- Kräfte von Hulks Blut erhalten
- Kann zwischen Menschenform und Hulk-Form wechseln
- War Mitglied der Avengers und der Fantastic Four

GEWONNENE KÄMPFE: 8

SHE-HULK: SIEGER!

TITAN DES TERRORS

Thanos ist eine Gefahr für **jedes Lebewesen** im **Universum**! Der Titan ist entschlossen, Welten zu erobern, um grenzenlos **Tod und Zerstörung** zu verbreiten.

TOP 5 THANOS' MASCHINEN

1 **DIE SANCTUARY**—mobile Raumstation.

2 **KRAFTFELD-GENERATOR**—ein Schutzschild gegen Projektile.

3 **ROBOTER-DROHNEN**—Handlanger für alle möglichen Aufgaben.

4 **ZEITSONDE**—Zeitmaschine für komplizierte Pläne.

5 **FLIEGENDER WELTRAUM-THRON**—für Teleportation und interdimensionale Reisen.

SHIELD AKTENEINSICHT

DER INFINITY-HANDSCHUH
Erschaffen, um die sechs Infinity-Steine zu halten, gewährt er Macht über Zeit, Raum und sogar die Realität. Thanos' enorme körperlichen und psychischen Kräfte machen ihn mit diesem Artefakt so gut wie unaufhaltsam.

NEEIIN!!

Auf seiner Jagd nach den **INFINITY-STEINEN** gründet Thanos die **BLACK ORDER**, eine Gruppe **TÖDLICHER ALIENS**, die ihm hilft, **WELTEN** zu erobern und zu **VERNICHTEN**.

AUFGEPASST

Thanos absorbiert die Macht des **Kosmischen Würfels** und wirft ihn weg! Großer Fehler! Mit der **Restenergie** im Würfel kann **Captain Mar-Vell** Thanos schließlich besiegen.

RACHEKAMPF

Nur Wenige können den Titanen besiegen, doch Drax dem Zerstörer gelingt es! Drax ist ein genmanipuliertes Wesen mit nur einem Zweck – Thanos zu töten!

WIRKLICH?!

Thanos wurde in Stein verwandelt, in Bernstein gesperrt, und Drax riss ihm das Herz heraus. Aber er ist so stark, dass er immer wiederkehrt!

STECKBRIEF

SPEZIES: Mutierter Eternal (eine Abspaltung genetisch veränderter Menschen)

HEIMATWELT: Saturns Mond Titan

STÄRKEN: Telepathie, Energieprojektion, Superstärke, Intelligenz – er kann so gut wie alles!

SCHWÄCHEN: Er ist so böse, dass ihn das ganze Universum besiegen will!

VERBÜNDETE: Black Order

FEINDE: Guardians of the Galaxy, Drax der Zerstörer, Avengers, Adam Warlock

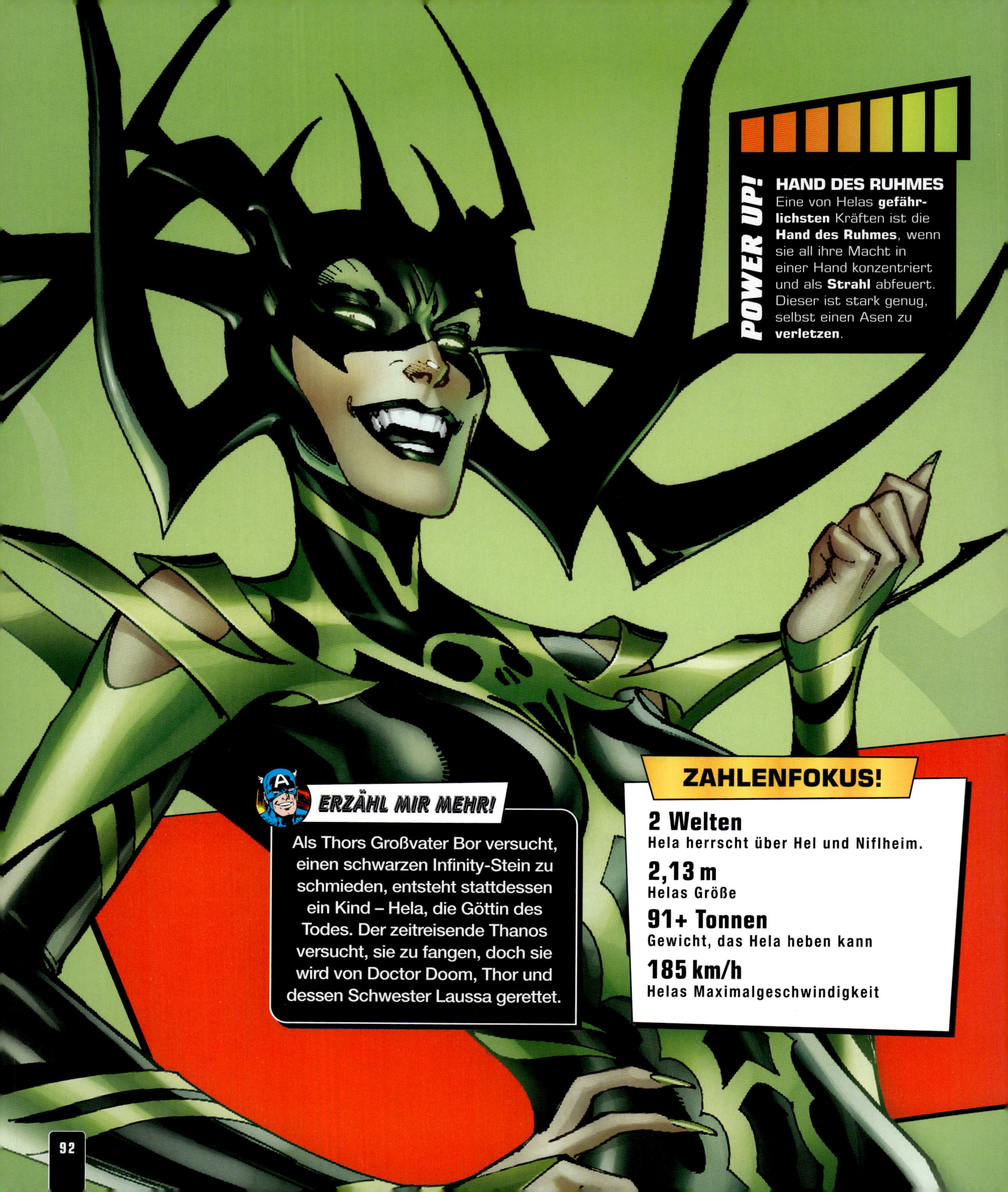

POWER UP!

HAND DES RUHMES

Eine von Helas **gefährlichsten** Kräften ist die **Hand des Ruhmes**, wenn sie all ihre Macht in einer Hand konzentriert und als **Strahl** abfeuert. Dieser ist stark genug, selbst einen Asen zu **verletzen**.

ERZÄHL MIR MEHR!

Als Thors Großvater Bor versucht, einen schwarzen Infinity-Stein zu schmieden, entsteht stattdessen ein Kind – Hela, die Göttin des Todes. Der zeitreisende Thanos versucht, sie zu fangen, doch sie wird von Doctor Doom, Thor und dessen Schwester Laussa gerettet.

ZAHLENFOKUS!

2 Welten
Hela herrscht über Hel und Niflheim.

2,13 m
Helas Größe

91+ Tonnen
Gewicht, das Hela heben kann

185 km/h
Helas Maximalgeschwindigkeit

AUFGEPASST

Helas **Umhang** dient nicht nur als Dekoration – er ist ein **magischer Gegenstand**, der sie jung aussehen und fühlen lässt und ihr erlaubt, ihre **Kräfte** zu benutzen.

STECKBRIEF

RICHTIGER NAME: Hela

STÄRKEN: Superstärke, Tempo, Ausdauer, Belastbarkeit, Unsterblichkeit, Heilung, Magie, Macht über Leben und Tod

SCHWÄCHEN: Braucht für die Kräfte ihren Umhang

BASIS: Hel

VERWANDTE: Loki, Angerboda, Thor, Odin, Bor

AAARRGHH!!

JAHRTAUSENDELANG baut Hela ein Langboot aus den **FINGERNÄGELN DER TOTEN**, doch Skurge der Executioner zerstört es mit nur **EINEM SCHLAG!**

KÖNIGIN VON HEL

Hela ist die asische **Göttin** des **Todes**, ein gefährliches Wesen, das über das Reich **Hel** herrscht. Wegen ihrer Kontrolle über Leben und Tod und ihrer mächtigen **Magie** wird sie sogar von anderen Asen gefürchtet.

SHIELD AKTENEINSICHT

GEDÄCHTNISSPEICHER

Hela wird als junges Mädchen von Loki und einer Riesin aus Jotunheim namens Angerboda adoptiert. Über die Jahrhunderte wird Hela extrem mächtig und ist in allen Neun Welten gefürchtet. Zusätzlich zu ihrer Kraft besitzt sie großes Wissen, da sie auf die Erinnerungen aller zugreifen kann, die je gelebt haben.

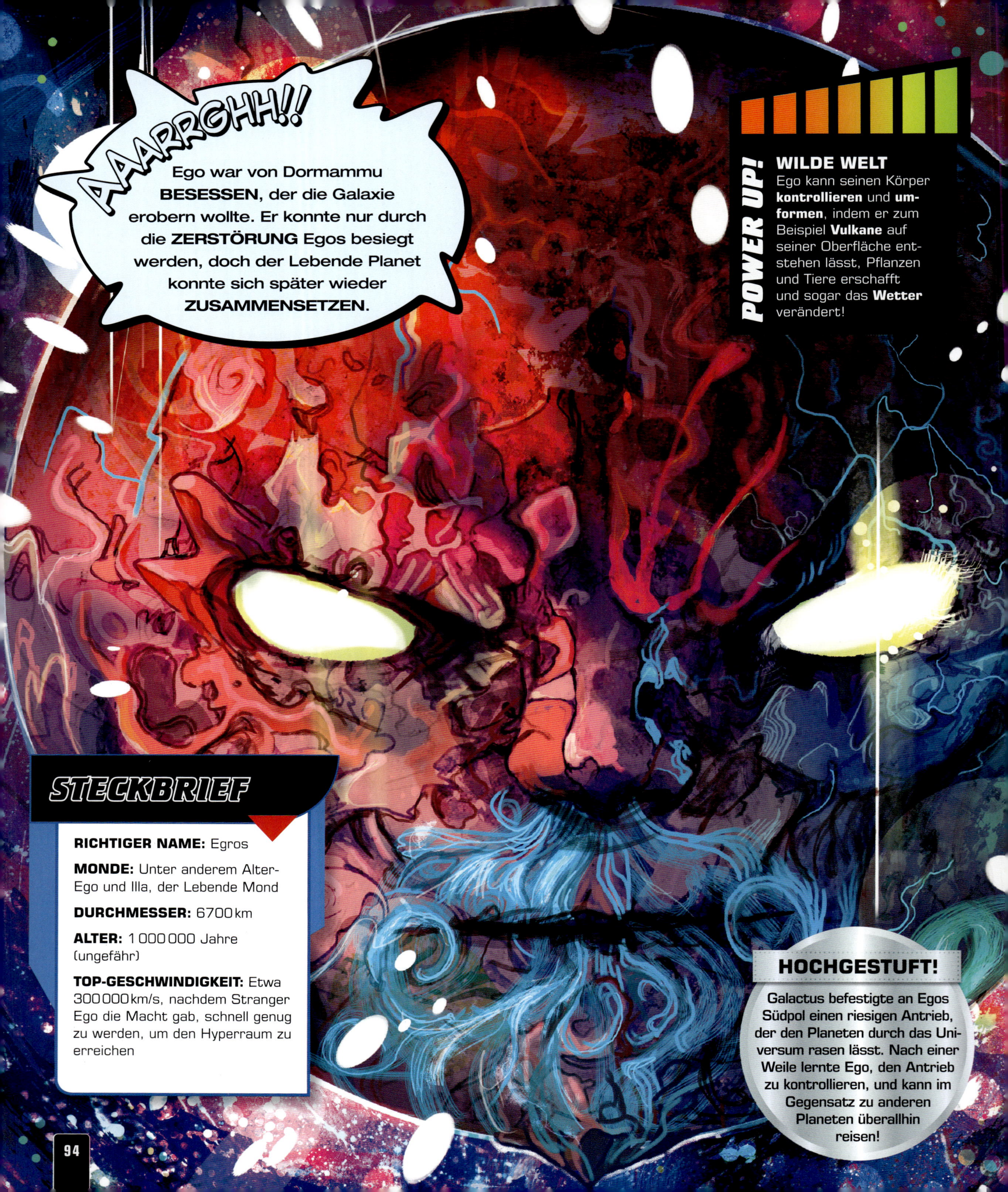

AAARRGHH!!

Ego war von Dormammu **BESESSEN**, der die Galaxie erobern wollte. Er konnte nur durch die **ZERSTÖRUNG** Egos besiegt werden, doch der Lebende Planet konnte sich später wieder **ZUSAMMENSETZEN**.

POWER UP!

WILDE WELT

Ego kann seinen Körper **kontrollieren** und **umformen**, indem er zum Beispiel **Vulkane** auf seiner Oberfläche entstehen lässt, Pflanzen und Tiere erschafft und sogar das **Wetter** verändert!

STECKBRIEF

RICHTIGER NAME: Egros

MONDE: Unter anderem Alter-Ego und Illa, der Lebende Mond

DURCHMESSER: 6700 km

ALTER: 1 000 000 Jahre (ungefähr)

TOP-GESCHWINDIGKEIT: Etwa 300 000 km/s, nachdem Stranger Ego die Macht gab, schnell genug zu werden, um den Hyperraum zu erreichen

HOCHGESTUFT!

Galactus befestigte an Egos Südpol einen riesigen Antrieb, der den Planeten durch das Universum rasen lässt. Nach einer Weile lernte Ego, den Antrieb zu kontrollieren, und kann im Gegensatz zu anderen Planeten überallhin reisen!

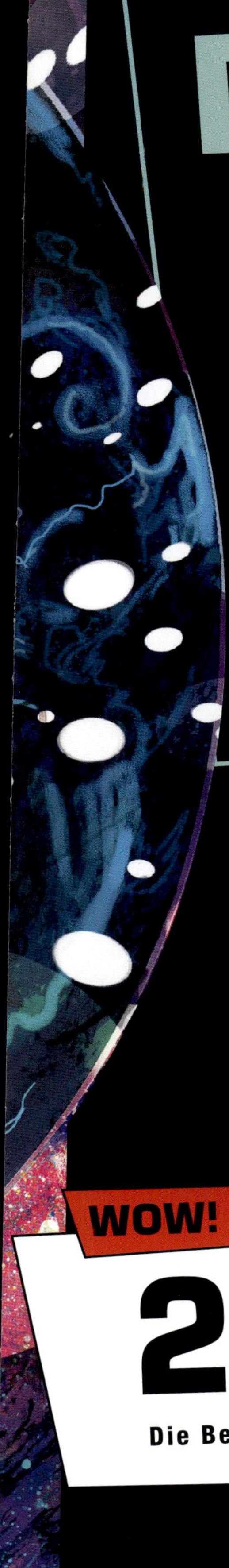

DER LEBENDE PLANET

Es gibt nur wenige Wesen, die **seltsamer** sind als **Ego, der Lebende Planet**, aber auch wenige, die **mächtiger** sind. Selbst der Weltenverschlinger **Galactus** sagt, er kann Ego nicht besiegen! Der Lebende Planet versucht oft, andere Welten zu erobern oder zu vernichten.

JAAAA!

Ego stimmt zu, einer Allianz mächtiger Wesen beizutreten. Angeführt von den Fantastic Four soll sie Reckoning aufhalten – uralte Aliens, die versuchen, die Watchers und den Rest des Universums anzugreifen.

ERZÄHL MIR MEHR!

Ego war einst Egros – ein genialer Wissenschaftler, der versuchte, seinen Planeten zu retten. Als er scheiterte, wurde er, anstatt mit seiner Heimatwelt vernichtet zu werden, eins mit ihr und zu Ego, ein fühlender, denkender Planet.

WOW!

2 000 000 000

Die Bevölkerungszahl auf Egros' Welt, bevor er Ego der Lebende Planet wurde.

ZUVOR ...

Als Doctor Octopus mit Spider-Man (Peter Parker) den Körper tauscht, verändert er das berühmte Kostüm des Helden und macht es sich als der sogenannte Superior Spider-Man zu eigen.

DANACH ...

ALARMIERENDE ARME!

Doctor Octopus ist **Otto Octavius**, ein genialer Wissenschaftler, der seinen Verstand und die mit seinem Körper verschmolzenen **Metallarme** benutzt, um Verbrechen zu begehen. Er ist einer von **Spider-Mans ältesten** und **erbittertsten Feinden**.

AUFGEPASST

Ottos **vier** mechanische **Titanarme** können **gleichzeitig** jeweils verschiedene Aufgaben erledigen.

ZAHLENFOKUS!

1,8 m
Normale Länge von Doc Ocks Tentakeln

7,3 m
Länge von Doc Ocks ausgefahrenen Tentakeln

80 km/h
Windgeschwindigkeit, die Doc Ocks Tentakel erzeugen können

9 Tonnen
Gewicht, das Doc Ock als wiedererschaffener Klon in Verbindung mit Peter Parkers Körper heben kann

12,3 kg
Druck pro Quadratzentimeter der Zangen an Doc Ocks Tentakeln – gut zum Zerquetschen!

WAS?!

Gefängnisärzte entfernen Doc Ocks Tentakel. Sie wissen nicht, dass er sie geistig steuern kann! Er bekommt sie mit einem einfachen Gedankenbefehl wieder: „Kehrt zu eurem Meister zurück!“

WOW!

1448

Die Distanz in km, über die Otto seine Tentakel telepathisch kontrollieren kann.

STECKBRIEF

RICHTIGER NAME: Dr. Otto Gunther Octavius

ALIASSE: Doctor Octopus, Doc Ock, Meisterplaner

VERBÜNDETE: Sinister Six, Meister des Bösen, Charlotte Witter

FEINDE: Spider-Man

STÄRKEN: Genialer Intellekt, vier mechanische Tentakel

HOCHGESTUFT!

Doc Ock ersetzt seine Tentakel durch neue, die aus kleinen Robotern namens Ocktoiden bestehen. Er wird aber von Spider-Man besiegt, der seine alten Arme trägt!

SHIELD AKTENEINSICHT

MECHANISCHE MACHENSCHAFTEN

Doctor Octopus ist Wissenschaftler in Nuklearphysik und Biochemie. Er erfindet mechanische Arme, um gefährliche Experimente aus sicherer Entfernung durchzuführen. Ein Laborunfall bombardiert ihn mit Strahlung und verschmilzt die Arme mit seinem Körper.

WOW!

188

Das Gewicht in Kilogramm von nur einem von Victor Von Dooms Doombots.

EIN GUTER TAG

Loki verwandelt einen Baum in einen Tiger, legt ein Kraftfeld um Mjölnir (damit Thor ihn nicht benutzen kann), lässt Leute verschwinden, verwandelt New York in Eiscreme und verhindert eine Atomexplosion – alles an einem Tag!

ERZÄHL MIR MEHR!

Prophezeiungen verbinden Loki mit Ragnarök – das altnordische Wort für das Ende von Allem. Neben den Versuchen, seinen Adoptivvater Odin zu stürzen und seinen Quälereien von Thor zerstörte Loki auch viele Male beinahe Asgard.

UNRUHE-STIFTER!

Loki ist der gestaltwandelnde **Gott des Schabernacks** – einer der **größten Zauberer** in ganz Asgard. Bei diesem **Schwindler** kann man sich nur einer Sache sicher sein: Für ihn zählt nur Eines – **er selbst**!

WIRKLICH?!

Loki kann sich sogar selbst austricksen. Kid Loki sperrt sein erwachsenes Ich in eine Elster namens Ikol.

WENN BÖSE GUT WIRD!

LOKI DER WÜRDIGE
Um Red Skull aufzuhalten, wirken Scarlet Witch und Doctor Strange einen Umkehrzauber – der Schurken gut werden lässt! Loki wird so gut, dass er würdig ist, Thors Hammer Mjölnir zu führen!

F: Ist Loki ein Ase?

A: Obwohl Loki in Asgard aufwächst, kommt er ursprünglich aus Jotunheim und ist der Sohn des Frostriesen König Laufey. Als sein Vater im Kampf besiegt wird, nimmt ihn Odin mit, und er wird der Adoptivbruder von Thor, dem Donnergott.

SHIELD AKTENEINSICHT

TEAMGESTALTER
Loki ist der erste Schurke, den die Avengers je bekämpfen! Tatsächlich kommen sie seinetwegen als Team zusammen.

STECKBRIEF

RICHTIGER NAME: Loki Laufeyson

STÄRKEN: Gerissenheit, Zauberei, Astralprojektion, Gestaltwandel, interdimensionale Reisen

VERBÜNDETE: Jeder, der ihm hilft zu kriegen, was er will!

FEINDE: Jeder, der ihm im Weg steht – oft Thor und die Avengers

TRAUMJOB: Herrscher von Asgard

WOW!

45

Das Gewicht in Tonnen, das Loki heben kann.

ZAHLENFOKUS!

2,06 m
Ultrons Größe (variiert allerdings)

243 kg
Ultrons Gewicht (variiert ebenfalls)

Hunderte Drohnen
Kontrolliert von Ultrons Schwarmintelligenz

8 optische Sensoren
Als Meister der Phalanx hat Ultron acht Augen.

6 Arme
Im Zeitalter von Ultron

TOP 4 ULTRONS KREATIONEN

SIE SOLLEN DIE AVENGERS VERNICHTEN ... WENDEN SICH ABER ALLE GEGEN ULTRON!

1. **VISION**—Synthezoid-Sohn, erschaffen von Ultron-5.
2. **JOCASTA**—erste geplante Androiden-Braut.
3. **ALKHEMA**—zweite Androiden-Braut.
4. **VICTOR MANCHA**—Cyborg-Sohn und Schläferagent.

BERÜHMT FÜR

SEINE VIELEN VERSUCHE, DIE MENSCHHEIT ZU VERNICHTEN!

ANDROIDENARMEE

Ultron besitzt Schwarmintelligenz-Technologie, das heißt, er kann mehrere Versionen von sich in einer Ein-Mann-Armee aus Hunderten bösen Androiden kontrollieren!

STECKBRIEF

SCHÖPFER: Hank Pym

STÄRKEN: Robotik-Experte, Hightech-Androidenkörper, Schwarmintelligenz, um mehrere Körper zu kontrollieren

ENERGIEQUELLE: Interner Nuklearofen

SCHWÄCHEN: Empfindliche Mechanik

VERBÜNDETE: Die Phalanx, Meister des Bösen

FEINDE: Avengers, Jocasta, Hank Pym

BÖSER ROBOTER

Ultron ist eine **mechanische Hightech-Gefahr**, die sich gegen ihren Schöpfer Hank Pym wendet und zum schlimmsten **Albtraum** der Avengers wird! Ganz gleich, wie oft dieser Roboter zerstört wird, er kommt immer wieder mit **Upgrades** und einem neuen **bösen Plan** zurück.

GRÜN ODER GOLD

Als **Green Goblin** war **Norman Osborn** einer von Spider-Mans **schlimmsten Feinden**, der auf einem Goblin Glider aus dem Himmel herabstürzt und Kürbisbomben wirft. Doch als er **Gold Goblin** wird, scheint Norman zu versuchen … gut zu sein?!

TOP 4 GOBLIN-IDENTITÄTEN

1 **GREEN GOBLIN** – der erste Goblin, Spider-Mans schlimmster Feind und (traurig für Norman) das, wofür er bekannt ist.

2 **GOLD GOBLIN** – als Norman sich als Superheld versucht, legt er eine goldene Rüstung an und wird Spider-Mans Verbündeter, Gold Goblin.

3 **RED GOBLIN** – Norman wird zu diesem schaurigen Goblin, als sein Körper die Goblin-Formel und den Carnage-Symbionten gleichzeitig in sich trägt.

4 **GOBLIN KING** – macht sich zum Herrscher einer Goblin-Armee, um ein kriminelles Imperium aufzubauen.

STECKBRIEF

KOMPLETTER NAME: Norman Virgil Osborn

ALIASSE: Green Goblin, Iron Patriot, Goblin King

STÄRKEN: Skrupelloser Geschäftsmann, geschickter Stratege, begabt in Chemie, Elektronik, Ingenieurskunst und Genetik

VERBÜNDETE: Kurzfristige Allianzen mit anderen Schurken, aber er achtet nur auf sich selbst!

FEINDE: Spider-Man (Peter Parker), Iron Man (Tony Stark), Captain America (Steve Rogers), Avengers

Norman Osborn **BEHERRSCHT** diese **STADT** … und **ALLES DARIN!**

WOW!

1 Million $

Das Kopfgeld des *Daily Bugle* für Spider-Mans Gefangennahme im Auftrag von Norman Osborn.

JAAAA!

Nachdem er den Sin Eater trifft, ist Norman Osborn ein anderer Mensch. Ihm tun alle seine bösen Taten leid und er versucht, sie wiedergutzumachen, indem er der heroische Gold Goblin wird.

ERZÄHL MIR MEHR!

Normans Geschäftspartner Professor Mendel Stromm entdeckt eine kraftverstärkende Formel. Norman bezichtigt Stromm des Diebstahls und reißt sich die Firma und das, was die Goblin-Formel werden wird, unter den Nagel.

UAAHH!

Nachdem er die Kontrolle über HAMMER verliert und mehrere Niederlagen erleidet, wird Norman der **GOBLIN KING.** Sein „Reich" wird die Kanalisation von New York!

AUFGEPASST

Nach **Jahrzehnten im Kälteschlaf** wird Red Skull von AIM wiedererweckt, stiehlt aber ihren **Kosmischen Würfel**. Dieser gibt ihm die Macht, die **Realität** zu verändern. Zum Glück hat er ihn nicht lange!

NEEIIN!!

Red Skull ist kurz davor, die USA mithilfe eines **LEBENDEN KOSMISCHEN WÜRFELS** namens **KOBIK** zu erobern, als sich seine Tochter **SINTHEA** gegen ihn wendet und er wieder besiegt wird.

WOW!

4

So viele Male ist Red Skull in einem neuen Körper zurückgekehrt, inklusive Robotern und Klonen.

ERZÄHL MIR MEHR!

Adolf Hitler persönlich kümmert sich um Johann Schmidts Training. Er gibt ihm eine grässliche, rote Totenkopfmaske und macht Schmidt zu seinem geheimen zweiten Kommandanten, der Hitlers böse Missionen ausführt.

SHIELD AKTENEINSICHT

SCHÄDELTRAUMA
Zuerst ist Schmidts Red Skull-Look nur eine Maske, doch nachdem ihm seine eigene Todesstaub-Waffe im Gesicht explodiert, erhält er sein dauerhaftes gruseliges Äußeres.

FRATZE DES BÖSEN

Red Skull ist einer der bösesten Männer der Geschichte. Er verändert sein **Äußeres** und seine **Identität**. Er wird besiegt, sogar getötet. Aber er kehrt immer wieder mit einem anderen niederträchtigen Plan zurück!

STECKBRIEF

RICHTIGER NAME: Johann Schmidt

STÄRKEN: Höchst intelligent, militärischer Meisterstratege, Verwandlungskünstler, guter Nahkämpfer und Schütze

VERBÜNDETE: Adolf Hitler, Arnim Zola, Crossbones, Doctor Faustus, Hydra, Sin

FEINDE: Captain America, Avengers, der Winter Soldier

POWER UP!

SUPER-STÄRKE

Abomination ist **so stark**, dass er Hulk bei ihrem ersten Kampf tatsächlich besiegte! Doch Hulk konnte zurückschlagen, als Bruce Banner ein Gerät erfand, um Abominations Kraft auszuleiten.

JAAAA!

Abomination zeigt eine versteckte gute Seite, als er Zeit damit verbringt, Obdachlose in der Kanalisation unter New York zu beschützen.

TOP 4 ALTERNATIVE ABOMINATIONS

1. **RICK JONES** — Hulks Freund verwandelt sich in ein Abomination-ähnliches Monster namens A-Bomb.
2. **GENERAL REGINALD FORTEAN** — ein Jäger von Hulk wird zu einer Version von Abomination, um Gammawesen besser zu verstehen.
3. **FLORENCE SHARPLES** — eine normale Buchhalterin wird aus Versehen bei einer medizinischen Behandlung in Abominatrix verwandelt, eine weibliche Abomination.
4. **JAMIE CARLSON** — am Arbeitsplatz seiner Mum bei Stark Industries wird er durch Gammastrahlung zu Teen Abomination.

ERZÄHL MIR MEHR!

Abomination wird erschaffen, als sich der Spion Emil Blonsky in Bruce Banners Labor schleicht. Er aktiviert eine Maschine, die ihn mehr Gammastrahlung aussetzt als der, die Banner zu Hulk machte. Blonsky wird zu einer monströsen Kreatur, behält aber seine Intelligenz. Allein kann er keine menschliche Gestalt mehr annehmen.

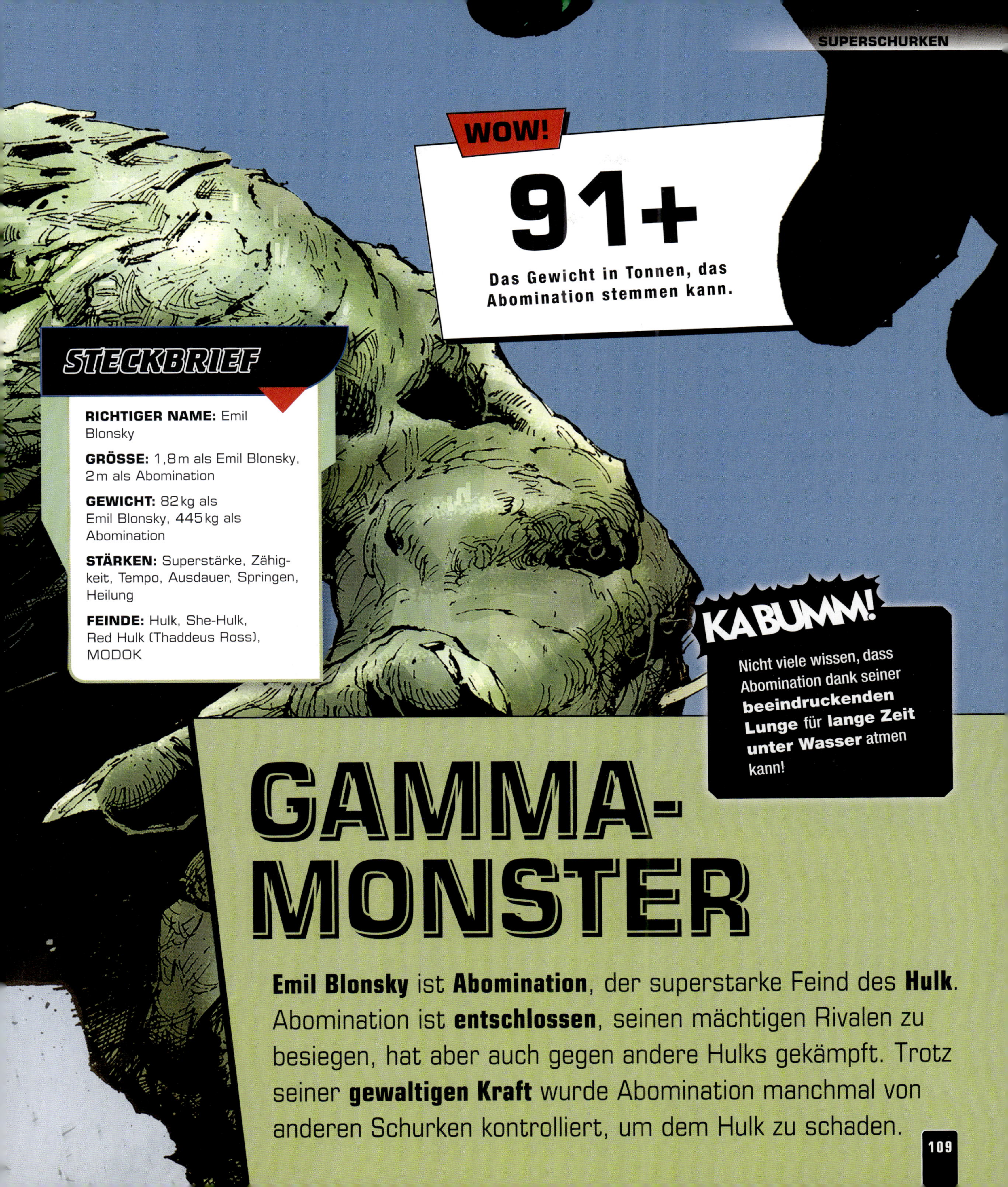

WOW!

91+

Das Gewicht in Tonnen, das Abomination stemmen kann.

STECKBRIEF

RICHTIGER NAME: Emil Blonsky

GRÖSSE: 1,8 m als Emil Blonsky, 2 m als Abomination

GEWICHT: 82 kg als Emil Blonsky, 445 kg als Abomination

STÄRKEN: Superstärke, Zähigkeit, Tempo, Ausdauer, Springen, Heilung

FEINDE: Hulk, She-Hulk, Red Hulk (Thaddeus Ross), MODOK

KABUMM!

Nicht viele wissen, dass Abomination dank seiner **beeindruckenden Lunge** für **lange Zeit unter Wasser** atmen kann!

GAMMA-MONSTER

Emil Blonsky ist **Abomination**, der superstarke Feind des **Hulk**. Abomination ist **entschlossen**, seinen mächtigen Rivalen zu besiegen, hat aber auch gegen andere Hulks gekämpft. Trotz seiner **gewaltigen Kraft** wurde Abomination manchmal von anderen Schurken kontrolliert, um dem Hulk zu schaden.

WOW!

28 000

So viele Jahre war die Dunkle Dimension friedlich, bevor Dormammu erschien und Schwierigkeiten machte!

AUFGEPASST

Obwohl Dormammu extrem mächtig ist, hat er eine Schwäche gegenüber **Mysterium** – eine Substanz, die nur **wenige** Erden-Mutanten herstellen können. Sie beeinflusst die Kräfte **aller magischen Wesen**.

SHIELD AKTENEINSICHT

EIN ALTES BÖSES

Dormammu ist seit langer Zeit in Erdenereignisse verwickelt. 1666 verursachte er den Großen Brand von London, um auszubrechen. Er benutzte seine Energie, um bei Stonehenge ein Portal zu öffnen, das in die Dunkle Dimension führte.

3 FAMILIENVERBINDUNGEN

Dormammus **Schwester Umar** ist manchmal Verbündete und manchmal Rivalin! Umars **Tochter** ist **Clea**. Anders als ihre Mutter und ihr Onkel lehnt Clea das Böse ab. Sie verliebt sich in **Doctor Strange**, als dieser Dormammus Dunkle Dimension besucht.

STECKBRIEF

RICHTIGER NAME: Dormammu

ALIASSE: Der Düstere, Herr der Dunklen Dimension

SPEZIES: Faltine (magische Wesen aus einer anderen Realität)

STÄRKEN: Totale Kontrolle über Magie, zieht Energie aus Anbetern und der Dunklen Dimension

SCHWÄCHEN: Ist außerhalb der Dunklen Dimension geschwächt!

FEINDE: Doctor Strange, der Älteste, Clea, Celestials, Eternity

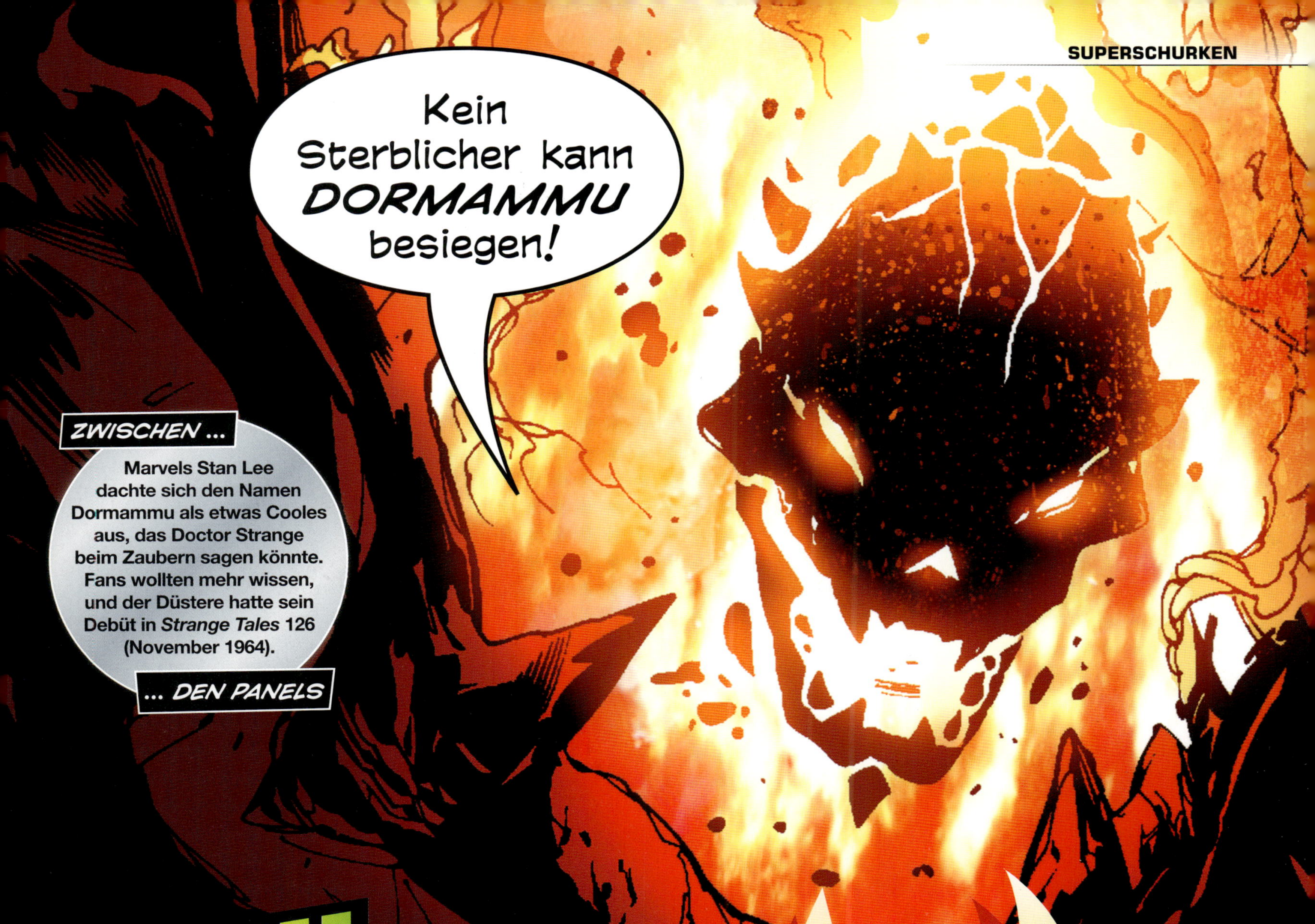

ZWISCHEN …

Marvels Stan Lee dachte sich den Namen Dormammu als etwas Cooles aus, das Doctor Strange beim Zaubern sagen könnte. Fans wollten mehr wissen, und der Düstere hatte sein Debüt in *Strange Tales* 126 (November 1964).

… DEN PANELS

POWER UP!

FEIND-ABSORPTION

Als Umar und Baron Mordo die Dunkle Dimension übernehmen, hilft ein **mysteriöser** Faltine Clea beim Kampf. Es ist der **getarnte** Dormammu! Er **absorbiert** Mordo und Umar und wird dadurch sogar **noch mächtiger**!

GRAUENSFÜRST

Dieser flammenköpfige, mystische Herrscher der höllischen **Dunklen Dimension** ist das pure Böse. **Dormammu** ist entschlossen, die Erde zu **erobern** und ihren Obersten Zauberer Doctor Strange zu vernichten!

ERZÄHL MIR MEHR!

Ophelia Sarkissian ist eine Waise, die von Hydra zu einer ihrer gnadenlosesten Kämpferinnen ausgebildet wurde. Sie beherrscht viele Kampfkunstarten und Waffen, vor allem ihre Peitsche. Ihr Alter Ego ist Viper, aber sie verdient sich schließlich den Titel Madame Hydra.

STECKBRIEF

RICHTIGER NAME: Ophelia Sarkissian

STÄRKEN: Verlangsamtes Altern, Resistenz gegen Gifte, geschickte Kampfkünstlerin

VERBÜNDETE: Hydra, Serpent Society, Silver Samurai

FEINDE: Captain America, Spider-Woman (Jessica Drew)

PARALLEL-UNIVERSUM

In der Realität von Erde-1720 ist Sue Storm Madame Hydra. In diesem Universum ist Sue nicht bei den Fantastic Four, sondern versucht, das Multiversum zu übernehmen!

POWER UP!

GIFTSCHLANGE

Madame Hydra ist eine **Expertin**, was **Gifte** und **Toxine** angeht. Sie benutzt sie als Waffen gegen ihre Feinde und hat sich selbst trainiert, eine Resistenz gegen sie zu entwickeln.

AUFGEPASST

Madame Hydra hat die Fähigkeit, sich ihren eigenen **Teleportationsring** zu bauen, der sie sofort überallhin bringen kann. Einmal ging er **verloren**, doch zum Glück fand sie ihn wieder!

GIFT-KÖNIGIN

Madame Hydra ist eine Anführerin der bösen **Hydra-Organisation**, die seit Jahrhunderten offen oder im Verborgenen versucht, die **Welt zu beherrschen**. Obwohl viele Superschurkinnen den Namen Madame Hydra annahmen, ist **Ophelia Sarkissian** alias **Viper** eine der bekanntesten.

HOCHGESTUFT!

Als Madame Hydra vom Dämonen Chthon kontrolliert wurde, gab er ihr die Macht, Menschen mithilfe eines schwarzen Strahls aus ihrem Auge in seine Dimension zu senden.

STECKBRIEF

RICHTIGER NAME: Nathaniel Richards

STÄRKEN: Futuristische Kampfrüstung, hohe Intelligenz, technologische Fähigkeiten, politische Manipulation, Kampferfahrung, langsames Altern

WAFFEN: Kampfrüstung feuert Energiestrahlen ab, verleiht Superstärke und mehr Widerstandskraft, kann mit einem Fingerschnippen jede Waffe aus dem Zeitstrahl rufen

FEINDE: Fantastic Four, Avengers

ERZÄHL MIR MEHR!

Man glaubt, dass Kang alias Nathaniel Richards ein Nachkomme von Reed Richards (Fantastic Four) aus der weit entfernten Zukunft ist. Nicht nur das, laut Gerüchten ist ein anderer von Kangs Vorfahren Doctor Doom.

TOP 7 VON KANGS TROPHÄEN

- CAPTAIN AMERICAS SCHILDE
- THORS MJÖLNIR
- DOCTOR OCTOPUS' TENTAKEL
- WOLVERINES ADAMANTIUM-SKELETT
- ULTRON
- SILVER SURFERS SURFBRETT
- MAGNETOS HELM

ZEITREISENDER TYRANN

Geboren auf einer alternativen Erde im Jahr **3000** baut der Superschurke **Kang** Doctor Dooms alte **Zeitmaschine** nach – mit nur einem Ziel: Die gesamte **Raumzeit** erobern.

TOP 5

KANG-VARIANTEN

1 **PHARAO RAMA-TUT**—erobert mit Zukunftstechnologie das alte Ägypten und will Invisible Woman zu seiner Königin machen.

2 **IRON LAD**—der Teenager Kang versucht eine Heldenkarriere bei den Young Avengers.

3 **VICTOR TIMELY**—Bürgermeister von Timely, Wisconsin, einer Stadt des 20. Jh., die Hauptsitz seines Technologieunternehmens und Portal zu seiner Geheimbasis ist.

4 **SCARLET CENTURION**—bringt die Avengers mit einem Trick dazu, Superhelden und Schurken für ihn zu jagen!

5 **IMMORTUS**—eine mögliche Zukunftsversion von Kang will die gesamte Zeit kontrollieren.

WOW!

7000

Die Jahresspanne, die Kang reist – vom alten Ägypten bis ins Jahr 4000. Er könnte sogar noch weiter reisen!

SHIELD AKTENEINSICHT

KANG DER AVENGER
Nachdem er sein älteres, zeitreisendes Selbst trifft, versucht der junge Kang, seine böse Zukunft zu vermeiden, indem er sich als Iron Lad in einer verbesserten Iron Man-Rüstung den Young Avengers in der Vergangenheit anschließt. Später kehrt er in den Zeitstrahl zurück.

STECKBRIEF

RICHTIGER NAME: Unbekannt. Als er sich mit Eddie Brock verbindet, wird er zu Venom.

HEIMATWELT: Klyntar

STÄRKEN: Übermenschliche Kraft und Zähigkeit, Wandkrabbeln, Netzschwingen, Gestaltwandeln

FEINDE: Spider-Man (Peter Parker), Carnage, Anti-Venom

SHIELD AKTENEINSICHT

KLYNTAR
Der Venom-Symbiont gehört zu einer Spezies namens Klyntar, erschaffen vom dunklen Gott Knull. Venom wollte nicht bei der Eroberung des Universums helfen, wie er sollte. Stattdessen wollte er bei einem Wirt bleiben und ihn schützen. Darum schlossen ihn die anderen Symbionten aus.

AAARRGHH!!

Der Venom-Symbiont mag keine **LAUTEN GERÄUSCHE**. Um ihn loszuwerden, geht Spider-Man zu einer Kirche und vertreibt ihn mit den **KIRCHENGLOCKEN!** Feuer hasst er auch.

F: Wie kommt der Symbiont auf die Erde?

A: Spider-Man findet ihn auf Battleworld und hält ihn für einen coolen schwarzen Anzug! Zurück auf der Erde merkt er, dass er ein gefährliches Alien ist. Danach findet der Symbiont einen neuen Wirt.

JAAAA!

Venom hat einen Sinn für Richtig und Falsch und tat sich mit Spider-Man zusammen, um gegen den bösen, roten Symbionten Carnage zu kämpfen, als dieser Amok lief.

TOP 5

MENSCHEN MIT SYMBIONTEN

1 **EDDIE BROCK** – der Journalist ist der bekannteste Wirt des Venom-Symbionten und ein Feind von Spider-Man.

2 **PETER PARKER** – Peter hatte bereits Superkräfte, als er sich mit Venom verband und brachte den Symbionten zur Erde.

3 **FLASH THOMPSON** – im Militärdienst verwundet, wurde Flash der heroische Agent Venom. Durch den Symbionten war er wieder in der Lage zu laufen.

4 **CLETUS KASADY** – der böse Kriminelle machte einen Ableger des Venom-Symbionten zum monströsen Carnage.

5 **DYLAN BROCK** – Eddie Brocks Sohn hat die Fähigkeit, Symbionten mit seinem Geist zu kontrollieren!

KABUMM!

KOSTENEFFEKTIV
Einer der größten Vorteile des Venom-Symbionten? Ein **selbstauffüllender Vorrat** an Netzen – ohne Risiko, dass sie einem beim Schwingen zwischen Wolkenkratzern ausgehen!

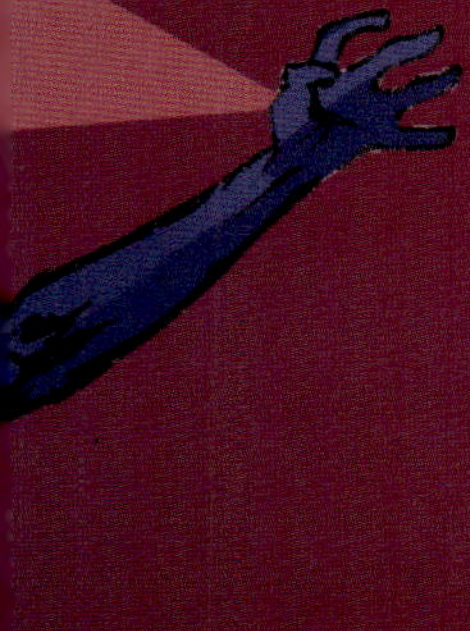

SYMBIOSE

Der mysteriöse **Venom** ist ein **Symbiont** – eine Alien-Kreatur, die sich mit anderen Wesen verbindet und ihnen Superkräfte gibt. Einer seiner ersten menschlichen **Wirte** ist Spider-Man, und alle seine Wirte danach erhalten dessen **Spinnenkräfte**. Leider benutzen die meisten sie nicht, um Gutes zu tun!

KALT WIE STEIN

Der Chemiker Paul Duval verschüttet ein Elixier über seine Hand, was ihm die Fähigkeit verleiht, seinen gesamten Körper in lebenden Stein zu verwandeln und andere mit nur einer Berührung in Statuen! In seiner Steinform hat Duval enorme Kraft und Zähigkeit und wird zum unzerstörbaren Kriminellen Grey Gargoyle.

POWER UP!

LEBENDER LASER

Tony Stark glaubt, **Arthur Parks** wäre in einer Explosion umgekommen. Doch Tonys Iron Man-Anzug fing versehentlich Arthurs verstreute Partikel ein. Danach setzt sich Arthur wieder als **Living Laser** zusammen!

ZAHLENFOKUS!

260 °C
Die Maximaltemperatur, der Molten Man widerstehen kann

113 km/h
Lizards Schwanzschlag

36 Tonnen
Gewicht, das Molten Man heben kann

33
Anzahl der Städte, die Graviton gleichzeitig in die Luft gehoben hat

TOP 6

WISSENSCHAFTLICHE SUPERKRÄFTE

1. **GREY GARGOYLE**—verwandelt Opfer mit einer Berührung seiner rechten Hand für eine Stunde in Stein.
2. **LIZARD**—abgetrennte Glieder wachsen nach, mentale Kontrolle über andere Reptilien.
3. **MOLTEN MAN**—gibt Hitze und schädliche Strahlung ab.
4. **GRAVITON**—Gravitationskräfte, kann fliegen und Gegner in den Boden stampfen.
5. **KLAW**—besteht aus lebendem Klang, kann andere Objekte aus demselben Material erschaffen.
6. **LIVING LASER**—besteht aus Lichtpartikeln, benutzt seinen Körper als Waffe.

WOW!

299 792

Living Lasers Top-Geschwindigkeit in km/s.

STECKBRIEF

MONSTER: Carrion (Malcolm McBride), Lizard (Dr. Curtis Connors)

MATERIE-MANIPULATOREN: Graviton (Franklin Hall)

ENERGIEWESEN: Klaw (Ulysses Klaue), Living Laser (Arthur Parks)

SUPER-WISSENSCHAFTLER: Grey Gargoyle (Paul Duval), Molten Man (Mark Raxton)

BÖSE FORSCHUNG

Vorsicht! Viren, Chemikalien, Seren, Strahlung, Schadstoffe und Alien-Materialien können sehr **gefährlich** sein … Wenn Experimente mit diesen Substanzen schiefgehen, werden manchmal aus normalen Menschen **monströse Superschurken**!

ERZÄHL MIR MEHR!

Der Wissenschaftler Mark Raxton kreiert aus einem radioaktiven Meteor eine Art Flüssigmetall. Als er damit in Kontakt kommt, wird er zum schurkischen Molten Man. Seine Stiefschwester, Spider-Mans Freundin Liz Allan, hilft ihm, sich zu bessern, aber er behält sein feuriges Temperament.

TEAMS

ERZÄHL MIR MEHR!

Das wichtigste „Mitglied“ der Avengers könnte Jarvis sein! Mehr als nur ein Butler, kümmert er sich um das Team, wenn es im Hauptquartier ist, und hilft ihm, sich von Missionen zu erholen. Als Wasp eine Spaßzone für die Avengers einrichtet, nennt sie sie Jarvis Lounge.

F: Wo ist die Basis der Avengers?

A: Wegen vieler zerstörerischer Schlachten hatten die Avengers verschiedene Hauptquartiere, inklusive Avengers Mansion, Stark Tower und sogar einer Basis am Nordpol.

TOP 5 STÄRKSTE AVENGERS

1 **HULK** — Gammastrahlung gab Hulk fast unschlagbare Kraft, aber er kann sie nicht immer kontrollieren.

2 **SCARLET WITCH** — Körperkraft ist nicht alles. Wandas Magie ist so mächtig, dass sie die Realität verändern kann.

3 **SENTRY** — Rob Reynolds ist ein Superwesen mit immenser Macht, aber mangelnde Kontrolle macht ihn als Langzeit-Avenger zu gefährlich.

4 **THOR** — ein mächtiger Gott Asgards. Gründungsmitglied Thor war von Anfang an ein Schwergewicht der Avengers.

5 **CAPTAIN MARVEL** — ihre Kree-Kräfte machen Carol Danvers für alle, die die Erde angreifen, zu einer ernsten Bedrohung.

MÄCHTIGE HELDEN

Die **Avengers** sind ein Team der mächtigsten Helden der Erde. Sie kamen zusammen, um sich Gefahren zu stellen, die für einen einzigen Helden zu groß sind! Obwohl sich die Zusammensetzung über die Jahre änderte, bleibt die Mission gleich – **Leben retten**.

STECKBRIEF

HAUPTMITGLIEDER: Captain Marvel, Iron Man, Thor, Ant-Man (Henry Pym), Hulk, Wasp, Captain America (Sam Wilson), Hawkeye, Vision, Scarlet Witch, Quicksilver, Black Panther, Black Widow, Falcon, Winter Soldier, Hercules, Black Knight, She-Hulk, Ant-Man (Scott Lang), Quasar, Wonder Man, Spectrum, Steve Rogers

VERBÜNDETE: Rick Jones, Edwin Jarvis, Nick Fury, Nick Fury Jr., Fantastic Four, SHIELD

FEINDE: Ultron, Kang, Thanos, Meister des Bösen, Baron Zemo, Loki und viele, viele mehr!

KABUMM!

Ant-Man gibt Hawkeye gern einen extra Kick – indem er **schrumpft** und **mitfliegt**!

WOW!

1000000 v. Chr.

Das Jahr, als sich die erste Gruppe Avengers-ähnlicher Helden zusammentat (laut Legenden). Dazu gehörten Thors Vater Odin und der erste Black Panther.

WOW!

457

Die Maximallänge in Metern, auf die Mr. Fantastic ein Körperteil dehnen kann.

TOP 8 TEMPORÄRE MITGLIEDER

1 **SPIDER-MAN (PETER PARKER)** – Johnnys bester Freund war eine Weile im Team, als Johnny nicht da war.

2 **SHE-HULK** – die superstarke Jennifer Walters sprang für Thing ein, als dieser eine Pause brauchte.

3 **ANT-MAN (SCOTT LANG)** – er war Wissenschaftsberater, als Reed fehlte. Später führte Ant-Man eine andere FF-Aufstellung an.

4 **LUKE CAGE** – Power Man nahm den Platz von Thing ein, als dieser kurz seine Kräfte verlor.

5 **MEDUSA** – sie war einst eine Feindin bei den Frightful Four, doch diese Inhuman sprang danach für Sue ein, wenn es nötig war.

6 **CRYSTAL** – eine andere Inhuman, die das erste Mitglied des Teams wurde, das nicht zu den vier Originalen gehörte.

7 **BLACK PANTHER** – T'Challa war ein alter Freund des Teams und wurde der Anführer, als Sue und Reed eine Auszeit nahmen.

8 **FRANKIE RAYE** – auch als Nova und Human Torch bekannt, war sie im Team, bevor sie der Herold von Galactus wurde.

F: Wie bekommen die Fantastic Four ihre Superkräfte?

A: Reed Richards, seine Freundin Susan Storm, ihr Bruder Johnny Storm und der Pilot Ben Grimm machen einen Testflug in einer experimentellen Rakete. Sie wird von kosmischer Strahlung bombardiert und stürzt ab. Danach sind die Vier ... anders!

JAAAA!!

Als die **FRIGHTFUL FOUR**-Schurken in ihrem Raumschiff flüchten, wird Mr. Fantastic zu einer riesigen **SPRUNGFEDER** und **SCHLEUDERT** Thing zum Schiff. Da ging's rund!

HOCHGESTUFT!

Superhelden-Teams brauchen superschnellen Transport, also entwirft Reed das Fantasticar. Bald rüstet er die ursprüngliche „fliegende Badewanne" zu einer Maschine auf, die sich in vier Gefährte aufteilen kann.

STECKBRIEF

MITGLIEDER: Mister Fantastic (Reed Richards), Human Torch (Johnny Storm), Invisible Woman (Susan Storm Richards), Thing (Ben Grimm)

BASIS: Baxter Building, New York

VERBÜNDETE: Agatha Harkness, Alicia Masters, Lyja Storm, Silver Surfer, Wyatt Wingfoot

FEINDE: Doctor Doom, Frightful Four, Wizard, Mole Man, Puppet Master, Red Ghost (und seine Superaffen), Klaw

SUPERHELDEN-FAMILIE!

Als die **Fantastic Four** (FF) ihre **kosmischen Kräfte** bekamen, schworen sie, damit Leuten zu helfen. Die Mitglieder **streiten** manchmal, doch sie lieben einander und sind immer füreinander da. Sie sind kein Superteam – sondern eine **Familie**.

FANTASTISCHE FÄHIGKEITEN

Mister Fantastic: Reeds Körper wird elastisch und kann sich verblüffend dehnen!

Invisible Woman: Sue kann Kraftfelder erschaffen und unsichtbar werden!

Human Torch: Johnny kann fliegen, Feuerbälle werfen und seinen Körper mit Flammen bedecken. Sein Slogan lautet: „Flamme an!"

Thing: Ben bekommt einen superstarken Steinkörper. Sein Slogan: „Jetzt geht's rund!"

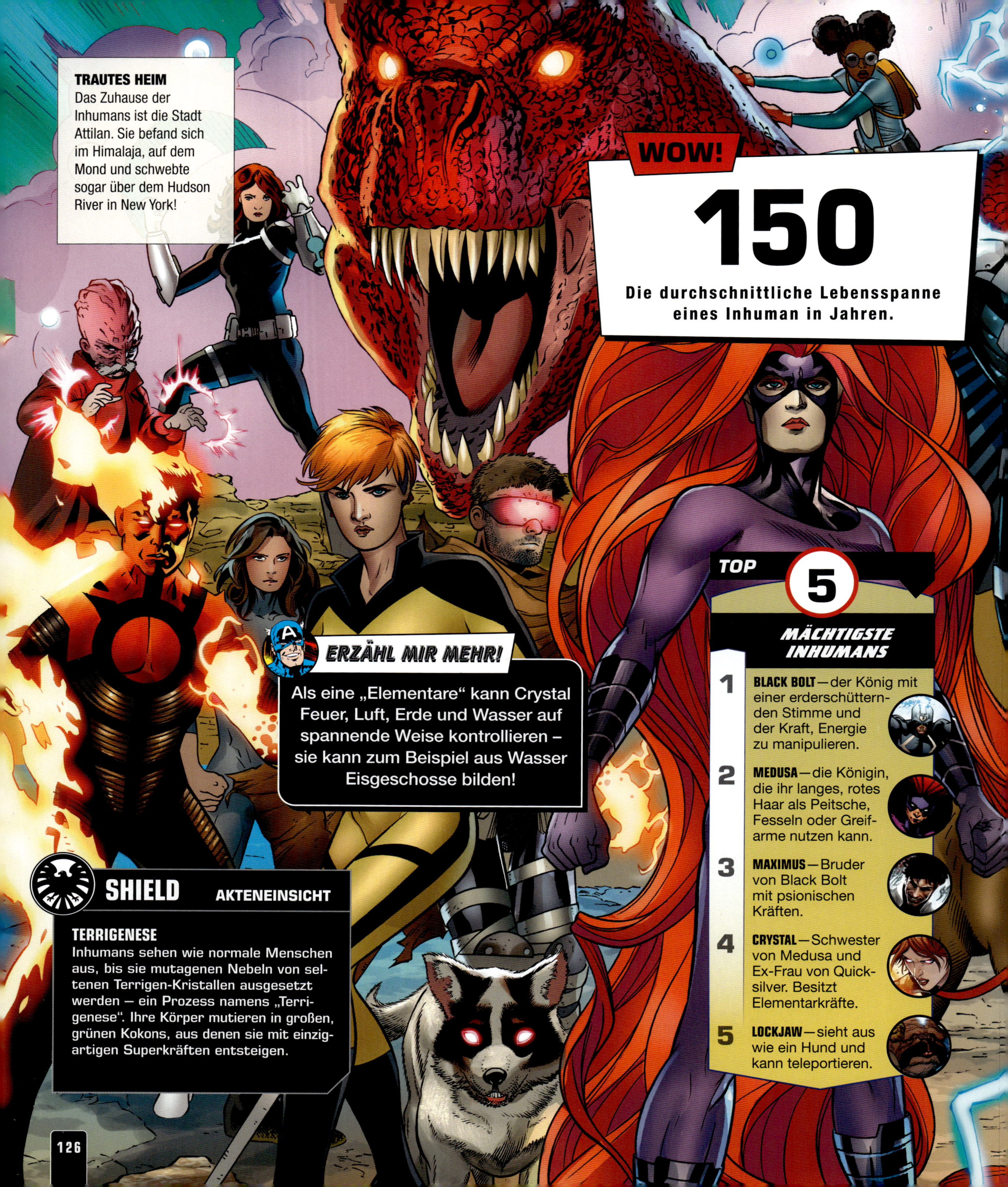

TRAUTES HEIM
Das Zuhause der Inhumans ist die Stadt Attilan. Sie befand sich im Himalaja, auf dem Mond und schwebte sogar über dem Hudson River in New York!

WOW!

150

Die durchschnittliche Lebensspanne eines Inhuman in Jahren.

ERZÄHL MIR MEHR!

Als eine „Elementare" kann Crystal Feuer, Luft, Erde und Wasser auf spannende Weise kontrollieren – sie kann zum Beispiel aus Wasser Eisgeschosse bilden!

TOP 5 MÄCHTIGSTE INHUMANS

1 **BLACK BOLT** – der König mit einer erderschütternden Stimme und der Kraft, Energie zu manipulieren.

2 **MEDUSA** – die Königin, die ihr langes, rotes Haar als Peitsche, Fesseln oder Greifarme nutzen kann.

3 **MAXIMUS** – Bruder von Black Bolt mit psionischen Kräften.

4 **CRYSTAL** – Schwester von Medusa und Ex-Frau von Quicksilver. Besitzt Elementarkräfte.

5 **LOCKJAW** – sieht aus wie ein Hund und kann teleportieren.

SHIELD AKTENEINSICHT

TERRIGENESE
Inhumans sehen wie normale Menschen aus, bis sie mutagenen Nebeln von seltenen Terrigen-Kristallen ausgesetzt werden – ein Prozess namens „Terrigenese". Ihre Körper mutieren in großen, grünen Kokons, aus denen sie mit einzigartigen Superkräften entsteigen.

POWER UP!

BLACK BOLT
Ein Flüstern seiner supermächtigen Stimme kann eine **ganze Stadt** vernichten. Seine Inhuman-Terrigenese war die **erste** überhaupt, wodurch sich seine Kräfte am längsten **entwickeln** konnten.

STECKBRIEF

HAUPTMITGLIEDER: Black Bolt, Medusa, Crystal, Maximus, Lockjaw, Karnak, Gorgon, Triton

BASIS: Attilan

STÄRKEN: Superkräfte durch Terrigenese

VERBÜNDETE: Fantastic Four, Avengers

FEINDE: Thanos, Corvus Glaive, Doctor Doom, Unspoken

DIE SUPER-INHUMANS

Die Inhumans sind eine **genetisch verbesserte** menschliche Untergattung. Vor Tausenden von Jahren experimentierten die **Kree** an frühen Menschen, um eine **Armee** aufzubauen, doch stattdessen erschufen sie eine **ganze Gesellschaft** unglaublicher Supermenschen!

KRISENMANAGEMENT!

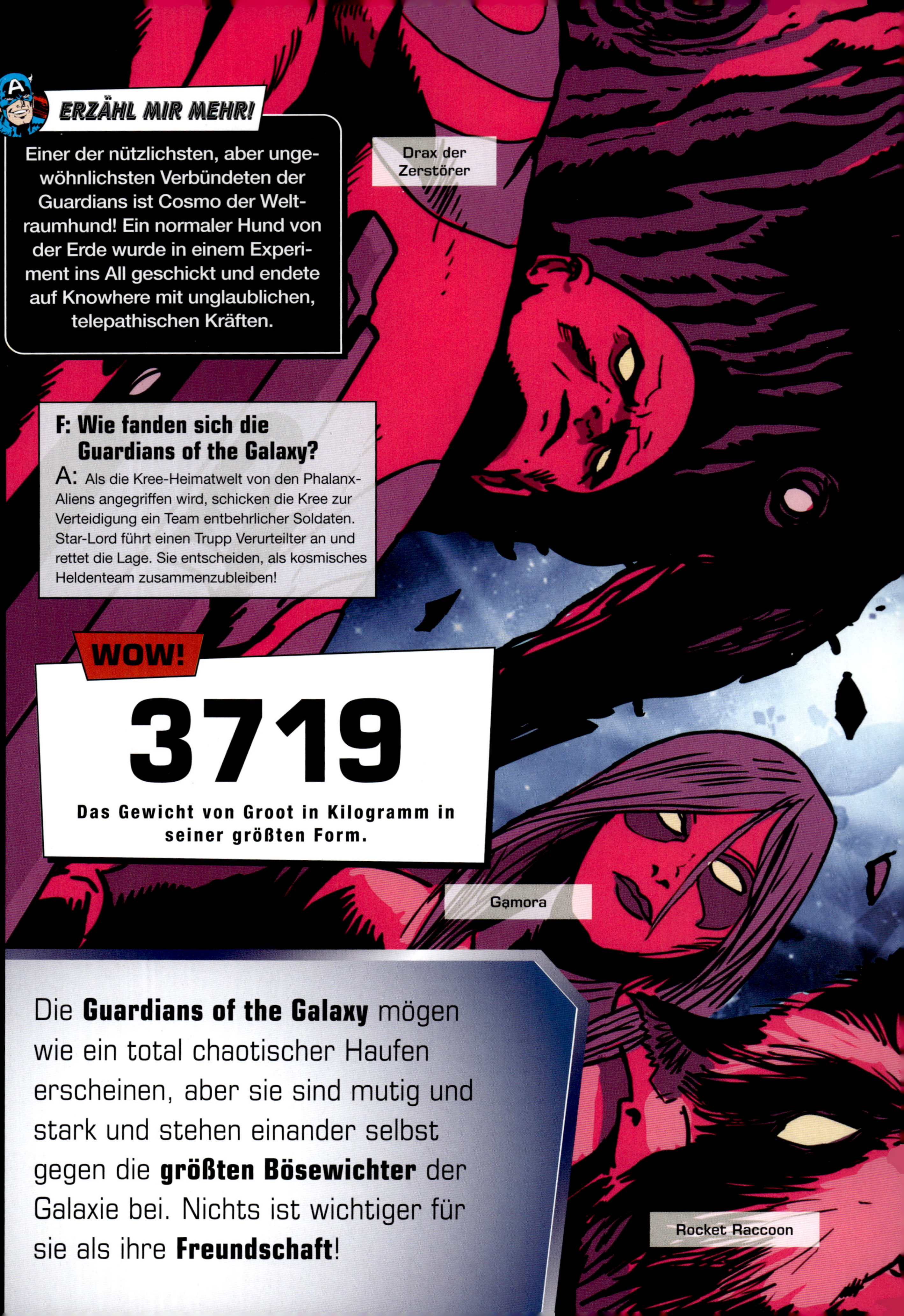

ERZÄHL MIR MEHR!

Einer der nützlichsten, aber ungewöhnlichsten Verbündeten der Guardians ist Cosmo der Weltraumhund! Ein normaler Hund von der Erde wurde in einem Experiment ins All geschickt und endete auf Knowhere mit unglaublichen, telepathischen Kräften.

F: Wie fanden sich die Guardians of the Galaxy?

A: Als die Kree-Heimatwelt von den Phalanx-Aliens angegriffen wird, schicken die Kree zur Verteidigung ein Team entbehrlicher Soldaten. Star-Lord führt einen Trupp Verurteilter an und rettet die Lage. Sie entscheiden, als kosmisches Heldenteam zusammenzubleiben!

WOW!

3719

Das Gewicht von Groot in Kilogramm in seiner größten Form.

Die **Guardians of the Galaxy** mögen wie ein total chaotischer Haufen erscheinen, aber sie sind mutig und stark und stehen einander selbst gegen die **größten Bösewichter** der Galaxie bei. Nichts ist wichtiger für sie als ihre **Freundschaft**!

Groot

Star-Lord

STECKBRIEF

MITGLIEDER: Star-Lord (Peter Quill), Rocket Raccoon, Gamora, Drax, Groot, Mantis, Nebula

BASIS: Mobil, aber sie hatten eine Basis auf Knowhere und auf den Raumschiffen *Milano* und *C.I.T.T.* (*Cool Interstellar Travel Travelship*).

MISSION: Schutz Unschuldiger in der Galaxie und darüber hinaus

FEINDE: Thanos, Annihilus, die Phalanx

ETWAS WASSER DAZU

Groot kann aus nur einem Zweig neu entstehen! Rocket nimmt einen Ableger und lässt in einem Topf einen „neuen" Groot wachsen.

TOP 7 GUARDIANS OF THE GALAXY

1 **STAR-LORD** (Peter Quill) – ein Spitzbube, der zum Helden geboren wurde!

2 **ROCKET RACCOON** – ein genmanipulierter Waschbär mit vielen Waffen und einem schwierigen Temperament.

3 **DRAX DER ZERSTÖRER** – ein Superkrieger, erschaffen, um Thanos zu töten.

4 **GROOT** – ein baumähnliches Alien und Rockets bester Kumpel!

5 **GAMORA** – die tödlichste Frau der Galaxie! Sie wurde von Thanos zur Attentäterin ausgebildet, wendet sich aber von ihm ab.

6 **MANTIS** – ein Mensch, der von den Kree psionische Kräfte erhielt und die Emotionen anderer spüren kann.

7 **NEBULA** – die kybernetisch verbesserte einstige Weltraumpiratin schließt sich ihrer „Schwester" als Guardian an.

SHIELD AKTENEINSICHT

BERÜHMTE FREUNDE

Die Guardians of the Galaxy hatten einige berühmte – und berüchtigte – vorübergehende Team-Mitglieder. Dazu gehören Iron Man, Captain Marvel, Thing, Agent Venom und sogar Doctor Doom.

WOW!

200+

Mitglieder hatten die Avengers über die Jahre. Kannst du erraten, welche Avengers auf diesem Bild in Wahrheit Skrulls sind?!

(ALLE auf Seite 130.)

STECKBRIEF

HAUPTMITGLIEDER: Professor X, Storm, Jean Grey, Nightcrawler, Colossus, Magik, Iceman, Wolverine, Angel, Beast, Cyclops, Emma Frost, Kitty Pryde, Rogue

ZUGEHÖRIGE TEAMS: X-Force, Magnetos Uncanny X-Men

VERBÜNDETE: New Mutants, Fantastic Four, Spider-Man

POWER UP!

METALLMANN
Der superstarke X-Man Colossus kann seinen gesamten Körper (sogar die Augen) in Metall verwandeln. In dieser Form können ihn weder Kugeln, Explosionen noch ein rasender Lastwagen verletzen.

WOW!

100 … und steigend

Wolverines Alter – aber dank seines Heilfaktors sieht man es ihm nicht an.

MUTANTENWUNDER

Die **X-Men** sind ein Team aus **Mutantenhelden**, die ihre unglaublichen Kräfte benutzen wollen, um **Menschen zu schützen**. Vereint von Professor X versuchen die X-Men auch, seinen Traum zu realisieren und den **Frieden** zwischen Mutanten und Menschen zu bewahren.

SHIELD AKTENEINSICHT

LEBEN IN EINHEIT
Mutanten werden mit ihren Kräften geboren, die meist im Teenageralter aktiviert werden. Manchmal haben normale Menschen Angst vor Mutanten, aber die meisten Mutanten sind gut und wollen wie alle anderen nur ein normales Leben.

F: Wer ist der größte Feind der X-Men?

A: Die X-Men haben viele Feinde, inklusive Magneto, Apocalypse, Mystique und Juggernaut. Sie müssen auch gegen Mutanten-jagende Sentinel-Roboter und die kosmische Gefahr des Dark Phoenix kämpfen! Ein X-Man zu sein, ist hart!

Cyclops kann die **ENERGIESTRAHLEN** aus seinen Augen nicht kontrollieren. Er muss eine Rubinquarz- **BRILLE** tragen, sonst **ZERSTÖRT** er alles in seinem Blickfeld!

TOP 5 MÄCHTIGSTE X-MEN

1. **JEAN GREY**—als einer der mächtigsten Telepathen der Welt wird Jean durch die Phoenix-Macht so stark, dass sie ganze Planeten erschaffen und vernichten kann!
2. **PROFESSOR X**—Charles Xaviers Mentalkräfte sind so mächtig, dass er über Cerebro mit jedem Mutanten der Erde in Kontakt treten kann.
3. **ROGUE**—Anna Marie absorbiert die Kräfte aller, die sie berührt. So erhält sie die Kräfte von Captain Marvel!
4. **STORM**—wegen Ororo Munroes fantastischen Wetterkräften wurde sie von manchen Menschen als Göttin verehrt.
5. **WOLVERINE**—Logan heilt von jeder Verletzung. Skelett und Klauen sind aus Adamantium, ein extrem widerstandsfähiges Metall.

STECKBRIEF

HAUPTMITGLIEDER: Nico Minoru, Chase Stein, Gertrude Yorkes, Karolina Dean, Molly Hayes, Old Lace, Victor Mancha, Klara Prast, Xavin, Gib, Rufus

FREUNDE: Young Avengers, Avengers Academy, Cloak & Dagger

FEINDE: Pride, Majesdanian Light Brigade, Arcade

BASIS: Malibu, Kalifornien (früher unter der La-Brea-Teergrube)

HOLPRIGE FAHRT!

Chase steuert das Transportmittel der Gruppe, den Leapfrog. Dieses Gefährt in Froschform hat Chase seinen bösen Erfinder-Eltern geklaut. Es fliegt nicht – es springt!

WAS?!

Old Lace ist ein genmanipulierter Dinosaurier aus dem 87. Jahrhundert, der telepathisch mit Gertrude verbunden ist.

AUFGEPASST

Nico leitet ihre Magie durch den **Stab des Einen**. Dieses immens mächtige Artefakt hat nur zwei Nachteile:
1. Nico kann einen Zauber nur **einmal** benutzen, sonst geht er nach hinten los.
2. Der Stab kann **keine Toten** zurückbringen.

AUSREISSER

Was würdest du tun, wenn du herausfinden würdest, dass deine Eltern zu einem geheimen **Superschurken-Clan** namens **Pride** gehören?!? Die **Runaways** klauen einen **magischen Stab, Flammen-Handschuhe** und einen telepathischen **Dinosaurier** – und **machen die Biege**!

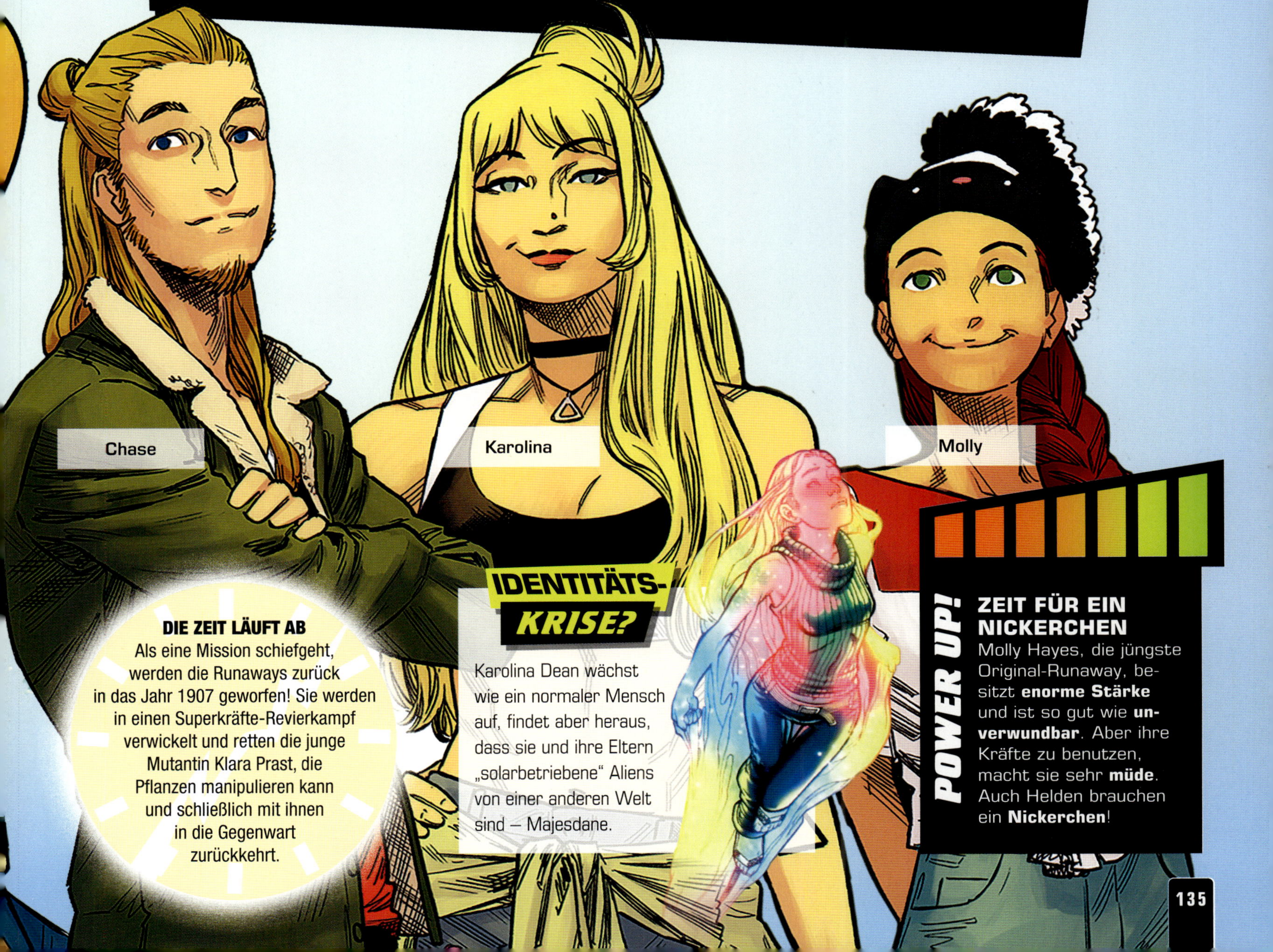

DIE ZEIT LÄUFT AB

Als eine Mission schiefgeht, werden die Runaways zurück in das Jahr 1907 geworfen! Sie werden in einen Superkräfte-Revierkampf verwickelt und retten die junge Mutantin Klara Prast, die Pflanzen manipulieren kann und schließlich mit ihnen in die Gegenwart zurückkehrt.

IDENTITÄTS-KRISE?

Karolina Dean wächst wie ein normaler Mensch auf, findet aber heraus, dass sie und ihre Eltern „solarbetriebene“ Aliens von einer anderen Welt sind – Majesdane.

POWER UP!

ZEIT FÜR EIN NICKERCHEN

Molly Hayes, die jüngste Original-Runaway, besitzt **enorme Stärke** und ist so gut wie **unverwundbar**. Aber ihre Kräfte zu benutzen, macht sie sehr **müde**. Auch Helden brauchen ein **Nickerchen**!

WOW!

77

Anzahl der Defenders in Vergangenheit und Gegenwart.

ERZÄHL MIR MEHR!

Die Defenders entstehen, als Doctor Strange Namor den Sub-Mariner, Hulk und den Silver Surfer zusammenbringt, um zu verhindern, dass der böse Yandroth mit der Omegatron-Maschine alle Nuklearwaffen der Erde zündet.

SHIELD AKTENEINSICHT

EXTREMES TEAM

Die Defenders sind ein Team, das eigentlich keines ist – sie kommen nur zusammen, wenn es für eine Mission nötig ist. Aber sie sind ein sehr mächtiges Team – nur Schwergewichte können Mitglied werden!

PARALLEL-UNIVERSUM

In einem alternativen Jahr **2510** stirbt die Erde. Reed und Sue Richards bilden ein neues Team der Defenders und retten alle **6 Milliarden** Bewohner des Planeten, indem sie sie in der **Zeit zurückschicken!**

LETZTE VERTEIDIGUNG

Die **Defenders** sind da, wenn man sie braucht, vor allem wenn es um eine **magische Bedrohung** geht! Oft angeführt von Doctor Strange, tut sich dieses Superhelden-Team aus **Notwendigkeit** zusammen – wenn **Verteidigung** der beste **Angriff** ist!

STECKBRIEF

GRÜNDUNGSMITGLIEDER: Doctor Strange, Hulk, Namor, Silver Surfer

HAUPTMITGLIEDER: Luke Cage, Iron Fist, Red She-Hulk, Ant-Man (Scott Lang), Black Cat, Valkyrie, Nighthawk, Moondragon, Blue Marvel, America Chavez, Taaia, Loki, Tigra

FEINDE: Eggheads Botschafter des Bösen, Yandroth, Headmen, Nul, Nebulon, Wrecking Crew

TOP 4 DEFENDERS-TEAMS

1. **NEW DEFENDERS** – zusammengestellt von Beast. Dazu gehören Angel, Valkyrie, Gargoyle, Iceman und Moondragon.
2. **SECRET DEFENDERS** – für den Kampf gegen magische Feinde rekrutiert Doctor Strange den Hulk, Ghost Rider und Silver Surfer.
3. **LAST DEFENDERS** – Nighthawk, She-Hulk, Colossus und Blazing Skull schützen New Jersey als Teil der Fünfzig-Staaten-Initiative.
4. **FEARLESS DEFENDERS** – ein reines Frauenteam, angeführt von Misty Knight, Valkyrie und Dr. Annabelle Riggs, um der bösen Caroline le Fay die Stirn zu bieten.

NEEIIN!!

Die Schurken **SAGITTARIUS** und **LIBRA** bilden ein **BÖSES** Defenders-Team, um die Helden **SCHLECHT AUSSEHEN** zu lassen! Dazu gehören Electro, Batroc, Beetle und Boomerang.

STECKBRIEF

FÜHRERSCHAFT:
Ein Geheimrat mit variierenden Schlüsselmitgliedern wie Baron von Strucker, Baron Zemo, Madame Hydra (alias Viper), Gorgon, Kraken und viele mehr!

FEINDE: SHIELD, Avengers, Fantastic Four, rechtschaffene Menschen überall!

WAS?!

Nach jahrelanger Planung infiltrieren Hydra-Agenten SHIELD und übernehmen die Kontrolle! Baron von Strucker glaubt, er hätte seinen alten Feind besiegt, doch Direktor Fury enthüllt, dass er Hydra von Anfang an kontrolliert hat!

VIELKÖPFIGE GEFAHR

Schneidet man einen Kopf ab, wachsen zwei neue nach! Benannt nach dem Monster aus der griechischen Mythologie, ist **Hydra** die **gefährlichste** und größte **Schurkenorganisation** der Welt. Dieses **Terror-Team** bedient sich **Korruption** und **Gewalt**, um die **globale Herrschaft** an sich zu reißen!

WOW!

6212

Die Anzahl der Agenten im aktiven Dienst für Hydras Kampf gegen die rivalisierende Gruppe Leviathan.

POWER UP!

SATANSKLAUE

Dieser mechanische Handschuh gibt **Elektroschocks** ab und macht Baron von Strucker **stärker**, sodass er mit Nick Fury auf Tuchfühlung gehen kann! Upgrades für die Waffe sind u. a. ein **Teleporter** und ein **Nuklearreaktor**.

TOP 3

HYDRA-SPLITTER-GRUPPEN

DIESE GRUPPEN WAREN EINST TEIL VON HYDRA, SIND ABER NUN FEINDE!

1 **AIM** – Advanced Idea Mechanics ist Hydras Hightech-Forschungsabteilung, bis sie sich nach Baron von Struckers Tod auf Hydra-Island selbstständig macht.

2 **SECRET EMPIRE** – Hydra kreiert Secret Empire, um Chaos zu stiften und von sich selbst abzulenken. Es ist auf politische Korruption und die Rufzerstörung von Helden spezialisiert.

3 **DIE HAND** – dieser Clan böser Ninjas half, das moderne Hydra zu gründen, war aber auch zuweilen ein Feind.

ZWISCHEN …

Filme, Bücher und Fernsehserien über Spione waren 1965 sehr beliebt, also führten Marvels Stan Lee und Jack Kirby Hydra in *Strange Tales* 135 als das böse Pendant zu SHIELD ein.

… DEN PANELS

SHIELD AKTENEINSICHT

URALTE URSPRÜNGE

Die Geschichte Hydras reicht Tausende von Jahren bis zur Bruderschaft des Speers zurück. Sie waren nicht immer Schurken. Es heißt, sie wurden von einem bösen Samen korrumpiert, den Alien-Reptilien gepflanzt hatten.

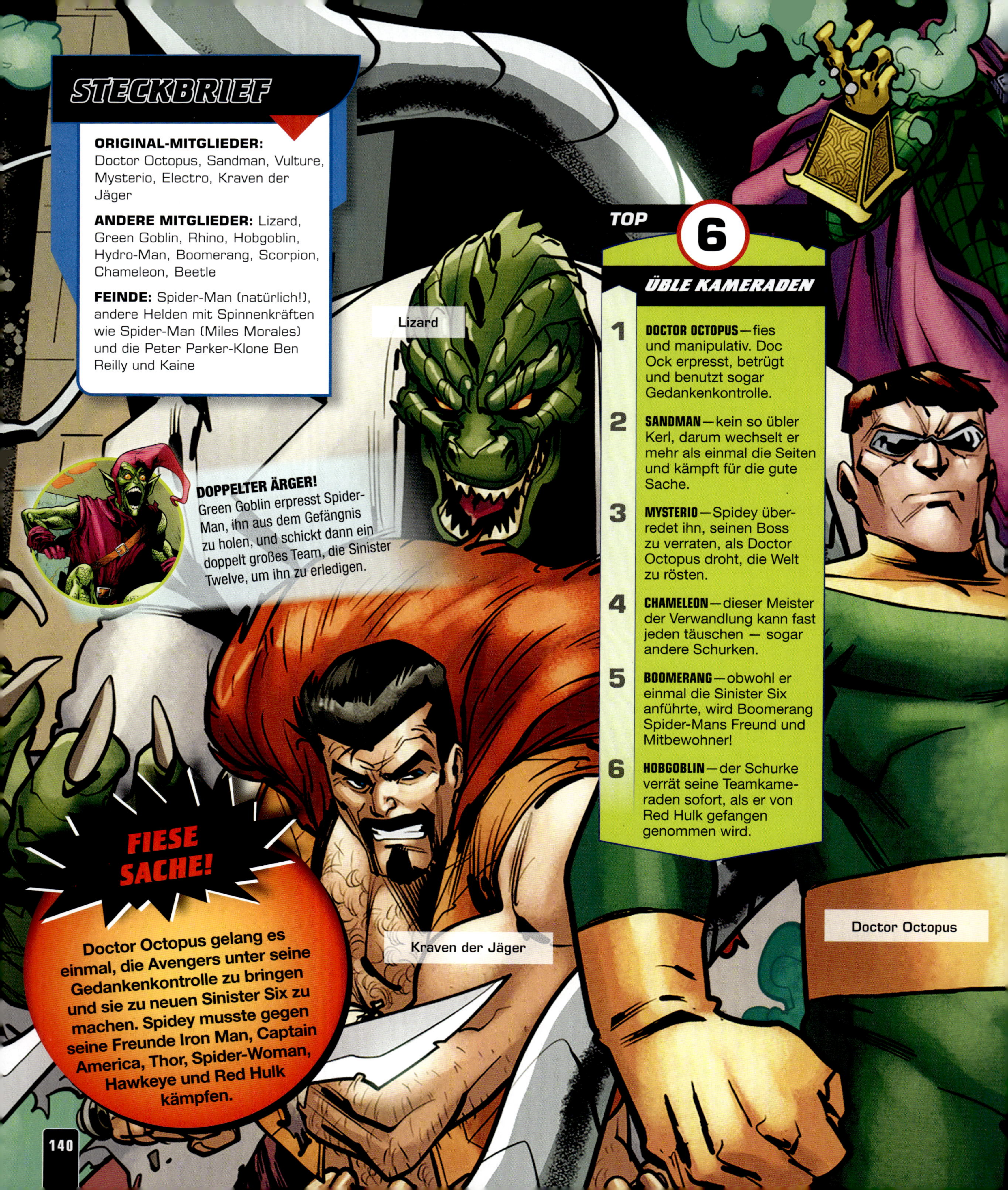

STECKBRIEF

ORIGINAL-MITGLIEDER: Doctor Octopus, Sandman, Vulture, Mysterio, Electro, Kraven der Jäger

ANDERE MITGLIEDER: Lizard, Green Goblin, Rhino, Hobgoblin, Hydro-Man, Boomerang, Scorpion, Chameleon, Beetle

FEINDE: Spider-Man (natürlich!), andere Helden mit Spinnenkräften wie Spider-Man (Miles Morales) und die Peter Parker-Klone Ben Reilly und Kaine

DOPPELTER ÄRGER!
Green Goblin erpresst Spider-Man, ihn aus dem Gefängnis zu holen, und schickt dann ein doppelt großes Team, die Sinister Twelve, um ihn zu erledigen.

TOP 6 ÜBLE KAMERADEN

1. **DOCTOR OCTOPUS** — fies und manipulativ. Doc Ock erpresst, betrügt und benutzt sogar Gedankenkontrolle.
2. **SANDMAN** — kein so übler Kerl, darum wechselt er mehr als einmal die Seiten und kämpft für die gute Sache.
3. **MYSTERIO** — Spidey überredet ihn, seinen Boss zu verraten, als Doctor Octopus droht, die Welt zu rösten.
4. **CHAMELEON** — dieser Meister der Verwandlung kann fast jeden täuschen — sogar andere Schurken.
5. **BOOMERANG** — obwohl er einmal die Sinister Six anführte, wird Boomerang Spider-Mans Freund und Mitbewohner!
6. **HOBGOBLIN** — der Schurke verrät seine Teamkameraden sofort, als er von Red Hulk gefangen genommen wird.

FIESE SACHE!

Doctor Octopus gelang es einmal, die Avengers unter seine Gedankenkontrolle zu bringen und sie zu neuen Sinister Six zu machen. Spidey musste gegen seine Freunde Iron Man, Captain America, Thor, Spider-Woman, Hawkeye und Red Hulk kämpfen.

SECHSMAL BÖSE

Die **Sinister Six** vereint nur eines: Sie alle **hassen Spider-Man**! Sechs gegen einen mag nicht wie ein fairer Kampf klingen, aber diese Schurken verbringen genauso viel Zeit damit, **gegeneinander** zu kämpfen, wie gegen Spidey!

WOW!

66

Der Alien-TV-Boss Mojo versammelt die „Sinister Sixty-Six“, um gegen Spider-Man zu kämpfen.

POWER UP!

VERBRECHEN AM HIMMEL

Vulture (Adrian Toomes) ist ein Gründungsmitglied der Sinister Six und einer von Spideys ältesten Feinden. Sein **elektromagnetischer Fluganzug** ist perfekt für **Luftangriffe** und **Raubüberfälle** im Vorbeiflug!

AUFGEPASST

Für den Fall, dass der unzuverlässige Sandman das Team verrät, hält Doc Ock immer einen **Hitzestrahl** parat, um ihn zu **Glas** zu schmelzen.

Register

Seitenzahlen in **fett** sind Haupteinträge.

DK | Penguin Random House

Lektorat Ruth Amos, Rachel Lawrence, Mark Searle
Gestaltung und Bildredaktion Clive Savage, Vicky Short
Herstellung Marc Staples, Laura Andrews

Design für DK Toby Truphet
Cover Illustration Paulina Ganucheau

Für die deutsche Ausgabe:
Verlagsleitung Monika Schlitzer
Programmleitung Heike Faßbender
Redaktionsleitung Sebastian Twardokus
Herstellungsleitung Dorothee Whittaker
Herstellungskoordination Claudia Rode
Herstellung Jenny Kolbe

Titel der englischen Originalausgabe:
Marvel Incredible Records

Erweiterte und überarbeitete Neuausgabe:
Erstmals erschienen 2016 unter dem Titel
Marvel Absolut alles, was du wissen musst

Übersetzung Carolin Hidalgo
Lektorat Simone Heller

ISBN 978-3-8310-4956-1

Druck und Bindung Leo Paper Products, China

FSC www.fsc.org MIX Papier | Fördert gute Waldnutzung FSC® C018179

www.dk-verlag.de

Der DK Verlag dankt Vanessa Bird für das Register, Mark Penfound für das Design der Buchumschlag-Rückseite, Chelsea Alon von Disney, Caitlin O'Connell und Lauren Bisom von Marvel und dem Official Handbook of the Marvel Universe-Forschungsteam. Der Verlag dankt außerdem Ann Barrett, Simon Beecroft, Alex Bell, Rosamund Bird, Sarah Brunstad, Alastair Dougall, Rebecca Fallowfield, Julie Ferris, Akansha Jain, Joel Kempson, Lisa Lanzarini, Brian Overton, Mark Richards, Cefn Ridout, Anne Sharples, Allison Singer, Sadie Smith, Ron Stobbart, Toby Truphet, Kavita Varma, Debra Wolter und Jeff Youngquist für ihre Arbeit an der vorangegangenen Ausgabe dieses Buches.